JN085360

流通システムの

基礎と展開

藤岡 芳郎 著

Basics and
Development of
Distribution
System

同文舘出版

前書き

　本書は流通システムの基礎を学習して，設定したフレームワークを用いて現状までを考察してから将来を展望している。本書は初めて流通システムやビジネスについて学習する大学生や，激しい環境の変化の中で活動する企業の社員の皆様を対象にしている[1]。21世紀に入り多くのビジネスの実務は急速に変化している。しかし，既存の理論や概念は体系的に流通システムを俯瞰するためには十分でない。本書は流通システムの基本的な概念で構築したフレームワークを用いて自らの力で現状を把握することで将来を展望するための教材として記述した。

　流通システムは生産者がつくった商品を消費者に届けるための仕組みのことである[2]。この仕組みは企業活動（ビジネス）の基本である。流通システムは環境変化の影響を受けながら，構成員（生産者，卸売業者，小売業者，消費者）がそれぞれの立場で役割を果たすために商品や届け方を工夫させながら時間の経過と共に変化する。システムとは誰が（主体：流通システムの構成員），何を（客体：商品），どこで・どのように（取引方法）して顧客に届けるのかについての体系である。

　何を（客体：商品）については流通システムが想定してきた物財（グッズ）の枠組みだけでは捉えきれない時代になってきた。たとえば，生産者が，サービス化して特定領域のプラットフォームの構築を目指している。卸売業者や小売業者の流通業者は製造業化，情報産業化の戦略を掲げて独自のサプライチェーンの構築を推進している。したがって，構成員はそれぞれの既存の役割や機能である生産，卸，小売の視点，さらに商流，物流，情報流，資金流の視点を変化させている。消費者は物財を所有することから使用・利用へ，モノの所有から物語（コトの体験）へと価値観を変化させている。その結果，商品の取引方法である流通システムが変化している。

　さらに，どこで・どのように（取引方法）顧客に届けるのかについてはスマホに代表されるIT機器，AIやロボットを活用して，シェアリング，サブ

i

スクリプション，リカーリングのような新たな提供方法へと大きな変化を迎えている[3]。流通システムはこれまでの実店舗と無店舗，モノの販売（所有）とサービス（サービシィーズ）の販売（使用・利用）のような二項対立的な視点からでは十分考察できない時代になってきた。

伝統的な流通システムが大きく変化しようとしている現在においても流通システムの本質的な機能や役割は変化しない。激動の時代では流通システムやビジネスの対象を考察するための基礎概念について学習したうえで，自分の力で今後を展望できる力を身につけることが求められている。

企業が商品を市場の中の消費者に届ける仕組み，取引方法が自律的，創造的に動くことを学習するために，本書は4部構成になっている。

第I部（第1章から第4章）は流通システムの基本概念と流通環境分析，第II部（第5章から第8章）はこれまでの動きについて「誰が」の主体（流通機関の構成員），第III部（第9章から第12章）はこれまでの動きについて「何を」「どこで・どのように」の視点で学習する。第IV部（第13章から第15章）は流通環境の変化が構成員に与える影響について考察して，最後に第1章で提示した基本的概念で整理して出現する新しい流通システムを展望する。

注

1）大学の講義では流通システム論，商学総論，ビジネス論，企業論などの受講生，ビジネス界では流通やマーケティングの基本を理解したい方々を対象にしている。
2）本書は製造業や工業製品を扱う文脈ではメーカー，生鮮品の文脈では農業や漁業などの用語を用いている。また，企業の文脈では顧客，マクロ的な文脈では消費者の用語を用いているが必ずしも厳格に統一していない。
3）本書を執筆中の今は2021年5月である。2020年からのコロナ禍で非対面式の活動を支援するためにデジタル化などの施策が急展開している。

第 **II** 部

これまでの動き⑴
―誰が（主体：流通機関の構成員）―

第5章　生産者の流通システム

第6章　卸売業者の流通システム

第 **Ⅲ** 部

これまでの動き⑵
― 何を(客体:商品),どこで・どのように(取引方法:市場・提供方法などの届け方)―

第9章　生鮮物の流通システム

第10章　流通と街づくり

第 **IV** 部

流通システムの現状と展望

第13章　変化する流通システム（1）〜生産者の視点から

第14章　変化する流通システム（2）〜流通業者の視点から

第 I 部

流通システムの基本概念と
流通環境分析

第1章　流通システムの基本概念
　流通システムを考察する基本概念とフレームワークについて学習する。

第2章　マクロ環境と流通政策
　マクロ環境をPEST分析で考察する。

第3章　流通環境の変化〜ミクロ環境
　ミクロ環境の流通環境を5つの競争要因で考察する。

第4章　消費者の変化
　市場を構成する消費者について人口動態，世代，生活様式などの視点で考察する。

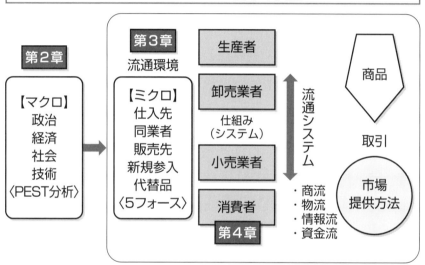

フレームワークと各章の関係

第2章
【マクロ】
政治
経済
社会
技術
〈PEST分析〉

第3章
流通環境
【ミクロ】
仕入先
同業者
販売先
新規参入
代替品
〈5フォース〉

生産者
卸売業者
仕組み
（システム）
小売業者
消費者
第4章

流通システム

・商流
・物流
・情報流
・資金流

商品

取引

市場
提供方法

第 1 章

流通システムの基本概念

【本章のねらい】

　本章は本書で用いる流通システムの基本概念について学習する。流通は生産者が作った商品を消費者に届けること，システムは仕組みである。したがって，流通システムは生産者が作った商品を消費者に届けるための仕組みのことである。流通システムは企業の活動と私たちの日常生活の消費活動に対して大きな役割を担っている。流通システムは環境の影響を受けながら変化するが役割や機能は不変である。

　流通システムを考察するアプローチや方法は立場や関心によって多様である。本書は企業の立場からマーケティング，流通マーケティングや小売マーケティングのアプローチを中心に考察した。流通へのアプローチはマクロ的な立場で流通論や商業論などで研究されて多くの成果を出している。したがって，これまでに，多様なアプローチから導出された基本概念や理論について必要なことは記載した。

　企業は自らが管理できないマクロ的な環境から大きな影響を受ける（第2章参照）。外部環境の中で自社がある程度管理できるミクロ的な流通環境には積極的に対応しようとする（第3章，第4章参照）。流通システムは自律的な個々の構成員による動態的な活動が時間の経過につれて一定の仕組み（システム）を創造することに特徴がある。本章は本書が流通システムを考察するためのフレームワークを設定する。

キーワード

流通，流通システム，仕組み，流通業者，消費者，流通機関，生産者，卸売業者，小売業者，消費財，産業財，モノ，サービス，市場，取引，流通経営論的アプローチ

第1節　はじめに

　本書は企業が環境変化に適応するための個別の活動を概観しながら，企業活動が全体としての流通システムを形成するプロセスを考察する。まず本章では流通システムを構成する基本概念について学習する[1]。第2節は流通システムの定義，特徴，役割，機能について確認する。第3節は流通システムの構成要素について誰が（主体：流通機関の構成員）が何を（客体：商品），どこで・どのように（取引方法：市場・提供方法）の視点で学習する。第4節は本書が採用する流通システムへのアプローチと範囲，先行研究のマーケティングについて確認した後に，各章で考察するためのフレームワークを設定する。最後に第Ⅰ部の章立てについて提示する。

第2節　流通システムの定義と役割

1　流通システムの定義

　流通とは「生産者から消費者に至る生産物の社会経済的移転」である（井上・村松 2015, p.6）。システムとは「多数の要素が集まってまとまりを持った組織や体系のこと，制度，組織，体系，系統」である[2]。田村（2001, p.1）は，すべての商品は，流通を経由して生産から消費に至る。流通システムはこの商品流通の仕組みであると提示している。

　そこで，本書は**流通システム**を「<u>生産者から消費者に至る生産物の社会経済的移転の体系的な仕組み</u>」と定義する。流通システムは生産と消費を円滑につなげるための**仕組み**であり，流通活動は流通機関が担っている。

　流通機関は生産者，**流通業者**などの企業に加えて**消費者**が含まれる。消費者が商品を購入する行動それ自体が流通活動の最終段階を担っている。企業は生産した商品を市場で販売して利益を獲得する。消費者は生活に必要な商品を市場で購入する。システムは生産者，流通業者，消費者の流通機関の構

図表1-1　流通の捉え方

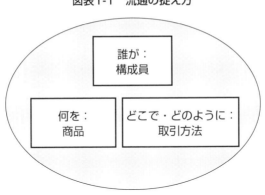

出所：筆者作成。

成員がそれぞれの環境の中で個別独立した活動をしながらも，時間の経過とともに一定の組織や体系になる活動として捉えることができる[3]。

　生産者がお互いにモノとモノを交換した物々交換が原始的な流通システムである。やがて，貨幣経済や分業の仕組みが確立されて，生産する人と，消費する人，さらに生産する人と流通させる人が分離した。生産者は流通を担う商業者へ販売を委託して，消費者は商業者から商品を間接的に購入するような時代に移行した。その過程で，分野別に生産者から消費者へ商品が届く仕組みが形成され，時代の経過につれて変化した。流通は誰が（主体：流通機関の構成員）が何を（客体：商品），どこで・どのように（取引方法：市場・提供方法）消費者に届けるのかについて要素別に分解して考察することができる（図表1-1）。

2　流通システムの特徴

　流通システムの特徴は**流通機関**の自律的な構成員が動態的に生成することである。商業者は**生産者**から消費者までの流通の中間に位置して，生産者と消費者の双方からの要求を調整する機能を果たす。

　流通活動は商品の取引，売買が伴いその舞台は市場である[4]。市場は商品の種類や卸売市場，小売市場などの流通段階から考察できる。さらに，市場

は空間的視点からグローバル市場，国内市場，地方市場などに分類できる。

　流通システムの特徴は生産，流通，消費の区別や組織的な役割の境界，商品，取引方法などが激しく動いていることである。

3　流通システムの役割

　流通システムの役割は生産と消費の隔たり（ギャップ）を埋めるための架け橋になることである。隔たりとは距離のことで，社会的距離，地理的距離，時間的距離などを指す。

（1）社会的距離

　社会的距離は交換，取引によって所有者が移転することを意味する。自給自足のシステムは生産する人と消費する人が直接取引をしていた。現在は流通システムが介在することで間接的な交換，取引によって社会的距離の橋渡しをしている。

（2）地理的距離

　地理的距離とは生産地と消費地の架け橋のことである。たとえば，新潟県で生産した農作物の米を大阪へ輸送して生産地と違う場所の消費者へ届ける機能を指す。地理的距離の架け橋は運送業が担っている。

（3）時間的距離

　時間的距離とは生産した時期と消費する時期が異なることを調整することである。たとえば，米は秋に収穫されるが消費するのが夏である場合，一定の時間どこかの場所で品質を維持しながら貯蔵する必要がある。工場で大量生産した消費財も同様である。時間的距離の架け橋をするのは貯蔵と保管機能を担う倉庫業などである。

　流通システムは生産と消費の架け橋をするために多様な構成要素から成立していることが理解できるであろう。

4 流通システムの機能

（1）商流〜商品の取引
①所有権移転機能
　所有権移転機能は生産者から消費者へ商品の所有権が移転するための諸活動である。たとえば生産者が生産した商品の供給先や販売先を開拓し価格やその他の取引条件を交渉する活動である。
②危険負担機能
　所有権を保有することによって生じる危険を負担する活動である。たとえば商品を買い取ることによって生じる在庫保有の危険や信用取引で販売代金を回収する信用リスクなどである。

（2）物流〜商品の輸送
①物流の種類
　物流には調達物流，生産物流，販売物流，回収物流などがある。調達物流は生産者の原材料や部品などの購買，流通業者の商品の仕入れなどに関わる物流である。生産物流は企業内部の移動に関わる物流である。販売物流は企業が顧客に対して商品を納入するための物流である。回収物流は川下から川上に向かって流れる，返品，リユース，リサイクルなどに伴う物流である。
②物流活動の構成要素
　物流活動の構成要素には輸送・配送，保管，荷役，包装，流通加工などがある。輸送は財を異なった地点に移動する比較的長距離間の活動である。配送はこれに比べて小口で短距離の移動を指す。保管は財を保存することである。長期間保管することを目的とした貯蔵倉庫と一時的な保管を行う配送拠点の流通倉庫がある。荷役は工場や倉庫などで財の輸送や保管活動に伴い発生する搬出搬入作業である。包装は個々の財を包装する個装，内容物を保護する中間包装の内装，物流活動で取り扱いやすくする外部包装の外装がある。流通加工は流通過程において財の価値を高める活動である。具体的には切断，小分け，再包装，詰め合わせ，組立て，値付け，箱詰めなどがある。

（3）情報流～情報の収集と提供

　情報流は生産者，卸売業者，小売業者そして消費者などの流通活動に関連して伝達される取引情報，物流情報，販売情報などの流れである。情報流を担って流通システムを支援してきたのが情報システム産業であった。現在の流通システムは情報化，IT化が重要な要素になってきた（第12章参照）。

（4）資金流～取引の決済

　資金流はキャッシュ・フローであり企業の生命線である。企業は商品を販売することで売上や利益を獲得する。企業は利益を企業活動に再投資することで事業を展開する。消費者は市場での取引（買い物）を通して商品を購入する。モノは所有権が移転して自分の物になる，サービスは自分が使用・利用する権利を持つことになる。これらの活動を主として担うのが金融・保険業界である。企業はカードやスマホでの決済，ポイントなどのサービスによって顧客を囲い込もうとしている。これらの代金決済の視点がこれからの流通システムの重要な要素になってきた。

第3節　流通システムの構成要素

1　構成員（誰が）

　流通システムの起点は「**生産者**」としての製造業者，メーカーそして農林水産業者などであり終点は「消費者」としての一般の家庭の個人や産業需要者（企業，学校，そして病院など）である。流通システムは個別の構成員が自律的に行動する結果として形成される仕組みである。すなわち，個の活動がシステム全体に影響を及ぼし全体の環境が個の活動にも影響することになる。一見すると無秩序にそれぞれ活動している現象が，時代の変化とともに一定の秩序や法則で動いているように映る。社会の中でコンビニエンスストア，ドラッグストアやネット経由の流通システムが認知されるようになったことが事例である。

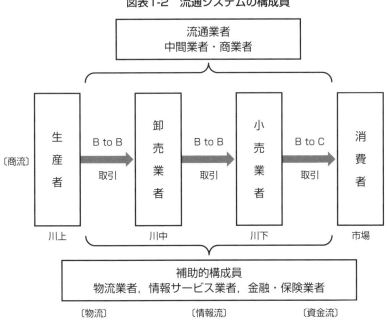

図表1-2　流通システムの構成員

出所：筆者作成。

　流通システムの主たる構成員は生産者（川上），**卸売業者**（川中），**小売業者**（川下），消費者（市場）である。そして，流通システムを側面から支援する補助的構成員が物流業者，情報サービス業者，金融・保険業者などである（図表1-2）。

2　商品（何を）

（1）商品の定義

　生産者は流通システムを通して生産物である商品を届けることで消費者と関係する。したがって，生産物は取引の客体になったときに商品と呼ばれ，生産者と消費者の間は商品が媒介する[5]。商品の定義は「商人たちが商取引の対象物と見なす財貨やサービスのような有価物のこと」である（林 1999, pp.164-165）。

（2）商品分類

　商品としての生産物は多様な視点で分類され，商品に応じて適した流通システムが存在する。生産される商品はその使用用途に応じて消費財と産業財に大別される。

①消費財

　消費財とは家計によって需要のある商品である。消費財は一般家庭で使用するために購入される。たとえば，朝食用に購入するパンや卵は消費財である。消費者が生活用に購入して消費する取引を消費財取引（Business to Consumer: BtoC）と呼ぶ。小売業者はBtoCの消費財取引を担う流通システムの構成員である（図表1-2）。私たちが購入している相手先は有店舗，無店舗にかかわらず小売業の役割を果たしている。

　さらに，消費財は最寄品，買回品，専門品に分かれる。最寄品は食料品，日用品など多くの生活必需品で購入頻度が高く，比較的単価が低い商品である。消費者は購入する努力（労力，時間，費用など）を最小限にしようとする傾向が強い。消費者は最寄品の購入を近隣で便利に済ませたいと考える。

　買回品は衣料品などに代表される商品で最寄品に比べると購買頻度は低く客単価は高めである。買回品は消費者が多少の努力をしてでも満足できる商品を購入しようと努める。

　専門品は買回品の中でも高額な商品，たとえばピアノや高級ブランド品などである。消費者は入手するためには多大な努力を払っても苦にならない商品である。消費者のブランド・ロイヤルティやストア・ロイヤルティが購入決定に強い影響を与える。ロイヤルティとは消費者の忠誠心，愛顧心，こだわりなどを意味する。

②産業財

　産業財は生産を目的として企業などが購入する商品のことである。産業財は生産用や業務用に使用される商品である。業務用で顧客に提供するために購入する（仕入れる）パンや卵は同じ商品でも産業財になる。生産者が事業用に生産や転売を目的に行う取引を産業財取引（Business to Business: BtoB）と呼ぶ（図表1-2）。

（3）ブランド

　商品はブランドと呼ばれることがある。ブランドとは生産者の焼印，刻印，商標を意味する言葉である。ブランドの中にナショナル・ブランド商品（NB），プライベート・ブランド商品（PB），ローカル・ブランド商品（LB）などがある。

　NBは有名メーカーが全国的に統一のブランド名で販売して消費者に認知されて信頼されている商品である。多くの場合，メーカーが販売価格を管理しているために小売業は販売促進にNBを低価格で訴求すると大きな集客と売上高が見込まれる。しかし，利益率が低いことから収益には貢献しないことになる。そこで，多くの小売業はPBに力を入れている。PBは主に小売業が自社で企画・製造して販売する商品である。

　ローカル・ブランド商品はNBが全国的な知名度があるのに対して特定の地域で認知されているブランドを指している。

（4）モノとサービス

　購入する商品が有形財（モノ；グッズ）なのか無形財（サービス；サービシィーズ）なのかと考えると境界が曖昧なことに気が付くであろう。商品の実態は有形財と無形財の組み合わせである。

　モノとサービスの主な違いは以下の4点である。

①無形性

　サービスは物質的な性質がない，形が把握できない性質がある。形がないので事前にその内容や品質を確認できない，または困難である。したがって，見えない形のない商品を購入するためにリスクが高くなる。

②同時性

　同時性とは生産と消費がほとんど同時に発生する性質を指す。モノの場合は工場で生産した製品を商品として流通させて消費者に届ける。伝統的な流通システム論はこれを前提に考察している。しかし，理美容店では顧客（消費者）が店に行ってスタッフと一緒に生産と消費を行うことになる。

③異質性

企業は工場で大量に同じ品質や規格の商品（モノ）を生産する。サービスは提供する環境や提供者によって品質にバラツキが生じる。

④消滅性

モノは貯蔵ができるので在庫の概念が成立する。サービスは大部分が生産されながら消費されて消えていく。この性質上生産と消費を一体化して管理しないと無駄が生じることになる。

現在，企業はモノとサービスの複合的な商品を消費者に届けることから流通システムに大きな影響を与えている。

3 取引方法（どこで・どのように）

（1）市場

流通活動は商品の取引，売買が伴いその舞台は市場である。財に対する需要と供給が出会って交換（取引）が行われる場が市場である。**市場**は買い手と売り手の取引の集まりを意味する。市場は，商品の種類や卸売市場，小売市場などの流通段階で考察できる。さらに，空間的範囲はグローバル市場，国内市場，地方市場などの視点から分類できる。

生産された商品は市場を通して流通することで価格へと転嫁される。個別企業が市場を構成する消費者に商品を届ける活動をマーケティングと呼びその中に流通チャネル（流通経路）やマーケティング・チャネルを位置付けている（第5章参照）。個別の消費者の立場からは店舗や売場を意味する。

（2）取引

取引は売り手と買い手の合意によって成立して交換，売買が行われることである。売り手の立場からは販売である。買い手の立場からは購入である。個別の消費者の立場からは買い物のことである。

取引は売り手の立場から販売先の探索，交渉，履行の過程が含まれる。探索は市場で顧客を探して情報を伝える諸活動である。交渉は探索した潜在顧客に取引条件を伝達して売買契約を結ぶことである。取引条件は価格，数量，

付帯サービス，納品期日など多様である。売り手と買い手の双方が合意すれば売買契約が結ばれる。履行は契約成立後の過程である。履行には契約通りに商品を顧客のところに送り届ける物流，顧客の苦情処理，アフターサービス，そして売上代金の回収などがある。これらの業務を経て取引は終了する（田村 2001, pp.47-48）。

　取引には集合取引と相対取引がある。集合取引は多数の売り手と買い手が一堂に集まって行われる。中央市場のせりが集合取引である。これに対して個別の売り手と買い手の二者間で実施される取引が相対取引である（第9章参照）。

第4節　本書のアプローチとフレームワークの設定

1 アプローチと範囲

(1) アプローチ

　一般に流通はマクロ的観点として国の政策や社会全体としての捉え方とミクロ的観点の個別企業の活動からの考察に区分できる。国の政策，流通機構そして流通構造などの観点はマクロ的な捉え方，特定業界や個別企業の流通システムや流通経路の観点はミクロ的な捉え方が多い。

　流通に対するアプローチ（接近法）は①経済研究からのアプローチ，②法律研究からのアプローチ，③文化研究からのアプローチ，④工学・技術研究からのアプローチ，⑤社会システム論的アプローチ，⑥**流通経営論的アプローチ**などがある（林 1982, pp.14-15）。

　どのような観点でアプローチするかは関心と目的によって違う。本書は流通システムを流通経営論的アプローチで捉えて，流通環境に影響を与える国の政策や法制度，経済活動のグローバル化，社会的な仕組みの変化，消費者のライフスタイルの変化，ITや技術革新などの視点で考察する。

　個別企業に関する流通経営論的アプローチはマーケティング研究が主流である。流通システムは生産者の流通経路やチャネル施策を中心とした伝統的

13

マーケティング（第5章参照），流通・小売マーケティングの小売ミックスや業態開発など（第6章，第7章，第8章参照）の概念から捉えることができる。

　マーケティング研究での流通は個別の商品に適した流通経路（流通チャネル）の視点で考察している。個別企業の流通経路（商品を消費者に届ける仕組み）は流通経路の集合体である流通機構を構成する。したがって，起点は個々の企業の流通経路であり，そこに影響を与える流通環境である。流通環境で重要なのは消費者（顧客）の集合体である市場や個々の消費者のライフスタイル，価値観の変化である。本書は流通システムを考察するためのフレームワークを通して考察する（図表1-3）。

（2）本書の範囲

　本書は個別の構成員の立場から多様な流通システムについて概観する。考察の範囲は生産者（消費財）から流通業者を経て消費者へ届く商品の仕組みである（図表1-2）。したがって，本書は生産者（消費財），卸売業者，小売業者の立場から消費者に商品を届けるところまでの一体的な流通の仕組みや基本概念について学習する。

　しかし，広義に流通を捉えると原材料から生産者までの流通，生産者と流通業者間の流通などと細分化される。本書は生鮮物の流通や街づくりなどの章で必要に応じて考察の範囲（原材料生産者の川上分野）や立場（個別企業と国などの立場）の比重を変えて論述している（第9章，第10章参照）。

2　先行研究

　流通論，商業論などの先行研究はマクロ的な立場で，生産から消費までの流通機構や流通構造，流通業（商業）を対象に論じられている。一方で，個々の企業の立場から流通システムを対象にしたのが生産者の立場でのマーケティング論，流通業者の立場での流通・小売マーケティング論である。マーケティングは企業の立場から個別商品を消費者に届ける方法やプロセスを対象に理論を進展させている。本書はこれらの研究領域の中から，本書が目指すミクロの個別企業の観点からの流通システム論について考察するために必要

な理論や概念を採用した。

　21世紀に入り現在の企業の流通システムはマクロの政策と同時に社会や情報技術などの外部環境から強い影響を受けている。そして，ミクロ的な個々の企業の活動が社会的な流通システムにつながる現象が出現している。

　本書は流通経営論的アプローチの中でマーケティング研究を中心に個々の企業活動の立場から多様な流通システムを概観する。個々の企業が流通環境に対応するために動くことで流通システムに大きな変化が生じる現象を考察する。

3　マーケティング

（1）個別企業の流通

　企業が市場に向けて行うさまざまな活動の総称をマーケティング（marketing）と呼ぶ。英語ではマーケット（market）の現在進行形（ing）で表現している。企業が統一した活動として管理することをマーケティング・マネジメントと呼ぶ。マーケティングは製造業（メーカー）が大量生産した製品（流通で取引の対象となると商品）を効率的に市場に届けることを目的として20世紀の工業社会の中で大きく進展した。

　マーケティングに関心を払う前の生産者は商品の販売を商業者に依存していた。したがって，生産者は商品を商業者がどのようにして最終消費者に届けるのかについては比較的に無関心であった。当時の生産者は流通経路については商業者である卸売業者に委ねていた。このような時代背景での流通を田村（2001, p.67）は「商業モード」と呼んでいる。

　工業社会の大量生産，大量流通，大量消費を志向する生産者は自社にとって最適な流通の仕組みを構築しようとしてミクロ流通フローに関心を示し始める。そして，「商業モード」を前提とした流通システムと「マーケティング・モード」に立脚した流通システムが混在するのが20世紀である。「マーケティング・モード」は個別企業が商品のミクロ流通フローを消費者に至るまで全体として組織化し，管理することである（田村 2001, p.236）。生産者はマーケティングの視点から卸売業者を通して流通経路を管理することを目指し

た（第5章参照）。やがて，経済が成長して市場が成熟すると，直接消費者と接点を持つ小売業が台頭して業態開発を進めた（第8章参照）。

（2）マーケティングの特徴

　「マーケティング・モード」と「商業モード」の違いは顧客需要の捉え方にある。「商業モード」は市場を同質的として捉えるのに対して，マーケティングは異質的として捉える。同質需要は商品について顧客は全員同じ欲求を持つことを前提としている。同質市場の前提では生産者は同じような品質や規格を持つ商品を製造することで効率化や低価格化での競争になる。これに対して異質需要は商品について顧客が異なった欲求を持つことを前提とすることから顧客側の視点が重要である。

　マーケティングは異質市場を前提に企業が流通システムを自ら主体的に創造しようとする活動である。異質需要を前提とすることで多様な流通システムが生まれ個別市場を形成する。同時に市場の中で企業同士がお互いを意識しながら共通の社会システムを活用して活動する。企業がお互いを意識しながら学習すると自然に類似部分が大きくなることから，そこに全体としての新しいシステムが誕生する。

　マーケティングの基本戦略は相手（誰と取引するか），対象（何を取引するか），様式（どのように取引するか）に分かれる。取引相手に関するマーケティングの基本戦略は最終顧客志向である。消費財の場合は消費者である。消費者の欲求を知り競合品よりも消費者欲求を満足させる商品を提供することである。対象顧客は現在の顧客だけでなく将来の顧客を含む概念である。マーケティングは消費者志向によって商品の生産から最終消費に至る特定企業のミクロ流通フロー全体を範囲にしている（田村 2001, pp.236-249）。

4 フレームワーク

　流通システムはマクロ，ミクロの環境に適応しながら時代とともに変化する。多様な環境下で生産者が流通業者を経由して消費者へ商品を届けるための流通システムをイメージしたのが図表1-3である。これは，流通システム

図表1-3　流通の仕組みを考察するフレームワーク

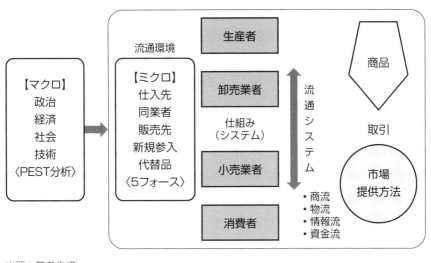

出所：筆者作成。

全体を俯瞰するフレームワークとして用いることができる。

　流通システムは環境の変化とともに最適な「生産物の社会経済的移転の仕組み」を編成し続ける。マクロ的な視点で重要なのは政治・経済・社会・技術である。ミクロ的な視点では同業者間での競争や新規参入，仕入先や販売先の変化や要望への対応，そして代替品の登場である。

　流通システムは個々の企業が環境変化の影響を受けながら，構成員が役割を果たすために仕組み（システム）を適応させて変化する。流通システムは誰が（主体：流通機関の構成員），何を（客体：商品），どこで・どのように（取引方法：市場・提供方法）消費者に届けるのかについての仕組みとして考察できる（図表1-1）。

第5節　おわりに

　生産者が流通業者（卸売業者，小売業者）を経て消費者に商品を届ける仕組みが流通システムである。本章は流通システムの基本概念と本書のアプロ

ーチについて学習した後にフレームワークを設定した（図表1-3）。第Ⅰ部では流通システムの基本概念と流通環境分析について考察する。第2章は流通システムに影響を与える外部環境についてフレームワークに基づいてマクロ環境の視点から分析する。第3章は外部環境のミクロ環境（流通環境）について考察する。第4章は消費者の集合体の市場（マーケット）環境や個々の消費者の価値観や生活様式（ライフスタイル）の変化などについて学習する。

考えてみよう―Review&Discussion―

1．流通システムの役割について考えてみよう。

2．流通システムの機能について考えてみよう。

3．流通システムの構成員について整理してみよう。

注

1）林（1999, p.24）は，商業，流通の用語は研究者によって定義と範囲が違い定説はないと述べている。個別企業の活動である流通の仕組みは流通経路，チャネルなどの用語の方が浸透しているが，本書は個別企業と全体的な流通も合わせて流通システムの用語を用いる。

2）Weblio辞書（https://www.weblio.jp/content/%E3%82%B7%E3%82%B9%E3%83%86%E3%83%A0〔検索日：2021年4月14日〕）。

3）本書は基本的に「消費者」の用語を用いるが，特定企業との関係で「顧客」の用語を用いる場合がある。

4）林（1999, p.195）は，商活動の主体を商人，客体を商品，そして商活動の場を市場と位置付けている。

5）商品と同様に製品の用語がある。企業が工場などで生産して出荷する前，すなわち流通段階に移行する前までは一般に製品と呼ばれる。いったん，取引の対象となったら商品になる。

第 **2** 章

マクロ環境と流通政策

【本章のねらい】

　個別企業の流通システムは企業を取り巻くマクロ，ミクロの環境に対応しながら変化する。企業を取り巻く環境の中でマクロ環境を分析する手法に「PEST分析」がある。本章ではPEST分析の手法で流通システムに影響を与えた要因について検討する。

　P（政治）の視点からは法律，独占禁止法，大規模小売店舗法，規制緩和，医薬分業制度，消費税などについて考察する。マクロ環境で流通システムに大きな影響を与えるのが国の実施する流通政策である。本章は国の流通政策がどのように流通システムに影響を与えてきたかについて歴史を振り返りながら概観する（第9章，第10章参照）。

　E（経済）の視点からは国内の経済状態や景気動向が企業や消費者に影響を与えることで流通システムに変化が起こる。企業は経済のグローバル化が進展して地球規模で多様な国際的な影響を受けながら活動を展開している（第11章参照）。

　S（社会）の視点からは消費市場が社会構造的な要因や個人消費の質的な変化によって影響を受ける。社会構造的な変化は人口減少，少子高齢化の進展に伴い国内消費市場が中長期的に縮小することである（第4章参照）。

　T（技術）の視点からはインターネットが登場しスマートフォン（スマホ）が現在の流通システムに大きな影響を与えている。最近では流通環境の変化に対応するためにIT（情報技術）システムやデータを活用してサービスやビジネスモデルを変革するデジタルトランスフォーメーション（DX），ビッグデータ，AI，ロボットなどの最先端技術が流通システムの変化に大きな影響を与えている（第12章参照）。

キーワード

> マクロ環境，PEST分析，消費税，大規模小売店舗法，バブル崩壊，独占禁止法，規制緩和，医薬分業，デフレ，デジタルトランスフォーメーション（DX）

第1節　はじめに

　本書は個別企業の活動が社会システム全体と相互作用しながら競争相手や消費者ニーズと相互に影響を与え合いながら変化するプロセスについて考察する。流通システムは生産者が商品を消費者に届けるための社会的な仕組みであると同時に個別企業の仕組みである。個別企業の外部環境には，流通システムに間接的な影響を与える**マクロ環境**と直接的な影響を与えるミクロ環境（流通環境）がある。

　20世紀の流通システムは政治，経済，社会，技術などの大きな影響を受けて変化してきた。企業は日本の政治や法律，景気，国際的な動向，流通構造や慣習，情報技術などから多様な影響を受ける。したがって，個別企業と全体としての流通システムは環境の変化に対応しながら動くことになる。個別企業が環境の変化の中で自社にとって一番良い仕組みを構築しようとして自律的に行動した結果，そこに一定のシステムが構築される（第1章参照）。

　本章は第2節で多様な流通環境の捉え方について，第3節で外部環境分析のPEST分析，第4節で環境の変化がどのように流通システムに影響を与えたのかについてコンビニの事例で振り返る。最後に，第1章で設定したフレームワークを用いて整理する。

第2節　流通環境

　企業の流通を取り巻く環境は時代とともに変化する。企業がある商品にとって最適と思われる流通経路を構築しても前提条件の環境が変化することで十分に機能しなくなることがある。流通システムは通常，複数の企業によって連鎖的に編成される。したがって，システムを構成する他の構成員（生産者や流通業者）の動向やサプライチェーンを構成する企業の動向，さらに補助的構成員（物流業者，情報サービス業者，金融・保険業者など）から大きな影響受ける[1]。

図表2-1　代表的なマーケティング環境

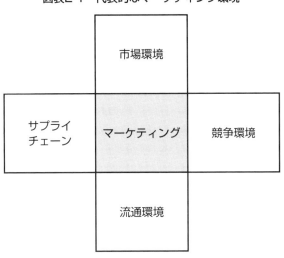

出所：池尾他（2010, p.19）をもとに筆者作成。

　企業の流通システムは市場の中の消費者と競争相手の両方から影響を受ける。マクロ的な外部環境は**PEST分析**の手法で考察できる。そして，企業の流通に直接影響を与える外部環境の流通環境，サプライチェーン，そして競争環境や消費者動向はミクロ分析で捉えることができる（第3章，第4章参照）。

　企業のマーケティングは市場に向けて商品を流通させる活動であり標的は市場を構成する消費者である。したがって，企業はマーケティングの成果を高めるために流通を取り巻く環境について理解する必要がある。マーケティング研究は企業を取り巻く環境として市場環境，競争環境，流通環境，サプライチェーンを挙げている（図表2-1）。マーケティングの流通に影響する流通環境は流通チャネルを構成する流通業者の動向や一緒にサプライチェーンを構成する企業の動向などが重要である。マクロ的には商品や消費者に適した流通チャネルの集合体である流通機構がどのように変化するかの視点が重要である。そして，流通環境の動向は個別企業のマーケティングにとって極めて重要な規定要因である[2]。

第3節　マクロ環境分析～PEST分析

　流通システムはマクロ環境に大きく影響を受ける。マクロ環境はPEST分析で考察できる。P（Politics/Political）は政治面，E（Economy/Economical）は経済面，S（Society/Social）は社会面，文化，ライフスタイル面，T（Technology/Technological）は技術面である（図表2-2）。

図表2-2　PEST分析の視点

	具体的な項目	流通環境への影響
政治 Politics	法律・政策，条約，税率，国際的な関係	規制緩和・強化，戦略の変更，貿易，海外進出
経済 Economy	為替，金利，景気，所得，物価，原油価格，経済成長率	需要，供給，仕入価格，売価 消費者心理
社会 Society	人口動態，世帯，世論，生活様式，価値観	市場規模，商品動向，ターゲット
技術 Technology	イノベーション，IT，AI，ロボット	オンラインとオフラインの融合 ビッグデータ

出所：筆者作成。

1 政治面：P（Politics/Political）

　政治的な要因としては，法律，条約，裁判，税制，政権体制，公的補助，助成そして国際的な関係などがある。これらは国が政治的な意図で実施することから企業活動に大きな影響を与える。たとえば，百貨店法や大規模小売店舗法は小売業の出店，営業や立地などへ，流通外資に対する規制や緩和は国内企業に大きな影響を与えた。**消費税**の導入や税率アップ，特定商品や産業を対象とする免許や法改正（規制緩和・強化）などは流通システムが変化する大きな要因である。

　国は業種ごとに業法を制定して公共の福祉を保つ観点から事業の参入・退出や許認可制度で営業の自由に一定の制約をかけている。以降，20世紀の流通システムに影響を与えた流通政策や法律について概観する。

（1）流通政策

①背景と歴史

　20世紀の日本の流通政策は大きく3つの時代背景の中で実施された。20世紀半ばの戦後復興期（1950年代：昭和30年代半ばまで），高度成長期からバブル崩壊期（1960年代から1980年代：昭和30年代半ば以降の昭和），バブル崩壊後（1990年代以降：平成時代）である。

　20世紀半ば，国は早期に戦後の復興を目指すために重化学工業に政策の重点を置いた。この頃の国の流通政策は中小商業の保護を目的とした。流通システムに影響を与える法律が1956年の百貨店法（第二次）と59年の小売商業調整特別措置法であった。2つの法律はともに中小小売商業を温存するためにその保護を図ることを目的にしていた。

　1960年代から日本は工業社会を背景に高度成長期に入りそれに合わせて国は流通の合理化・近代化を目指す流通政策へと転換した。小売業者は流通革命を掲げて大量出店を展開して大規模化を目指した[3]。国は中小小売商業を近代化させて大規模小売業者への対抗力を付けさせるためにボランタリーチェーンを支援した（第7章参照）。

　1973年の第一次オイルショックを契機に経済は高度成長から安定成長へと移行した[4]。国は1973年に**大規模小売店舗法**（大店法）を制定させて翌74年に施行した。大店法に合わせて百貨店法を廃止，中小小売商業振興法を制定した。1976年には消費者を保護するために訪問販売等に関する法律が施行された。1978年には大店法の改正が行われ規制が強化された。当時の急激な円高は輸出には割高感，輸入には割安感があるので工場の海外移転，開発輸入を促進させた。

　大店法や流通外資への規制は1990年代の日米構造協議によって緩和の方向に向かった[5]。規制緩和は大手小売業や業態間の競争を一層激しくさせた。流通外資は規制緩和に合わせて日本市場への進出を本格化させた。日本の経済は**バブル崩壊**で不景気になり消費者の低価格化志向が強まった（図表2-3）。

　また，国は規制緩和と合わせて街づくりや環境問題などへ向けた流通政策

図表2-3　流通政策の3段階の変化

20世紀半ばから	高度成長からバブル崩壊	1990年代以降
重化学工業に重点	流通の近代化政策	街づくり
百貨店への規制	大型店舗の規制	規制緩和
中小商業者の保護	消費者保護	社会課題への対応

出所：筆者作成。

の整備を進めた。中心市街地は規制緩和の影響などで業種店が衰退して空洞化が進み，生活のインフラ機能，コミュニティ機能が低下した。国はまちづくり三法の改正などで賑わいを取り戻そうとしている（第10章参照）。現在，企業は国際的な社会課題の解決や脱炭素化の促進などへの対応が必要不可欠となっている（第13章参照）。

（2）日本の流通システムの特徴

　日本の流通システムの特徴は小売段階の零細性，生業性，過多性，卸売段階での多段階性，取引段階での日本型取引や流通系列化などの商慣行だとされてきた。1980年代頃からの日米間の経済摩擦によって輸出入の不均衡の要因として日本市場の閉鎖性や特異性が取り上げられた。米国は大店法や数々の免許制，許認可制などに対して規制緩和や閉鎖的な取引慣行の改善を強く要求した。

　日本の流通システムの特徴は人的関係に大きく依存してきたことである。日本の取引は企業間の信頼関係によって成立しているので，外国企業からは市場参入に際して不透明で閉鎖的だと指摘された。さらに，取引では建値制，リベート・協賛金制度，返品制，物流センターフィなどの複雑な慣行が存在した。

（3）独占禁止法

　1947年に「私的独占の禁止及び公正取引の確保に関する法律」（**独占禁止法**）が公布された。同法の目的は公正かつ自由な競争を促進し事業者が自主的な判断で自由に活動できるようにすることである。市場メカニズムが正しく機

能していれば，事業者は自らの創意工夫でより安く優れた商品を提供して売上高を伸ばそうとする。消費者はニーズに合った商品を選択することができ事業者間の競争によって消費者の利益が確保される。

　国は独占禁止法を運用するために公正取引委員会を設置している。これまでに公正取引委員会が優越的地位の濫用行為として扱った案件は流通を支配したいメーカーと台頭してきた日本型総合スーパーとのコンフリクト問題（第5章参照），巨大な購買力（バイイングパワー）を持つ仕入業者が納入業者に対して不当な要求をした問題，最近ではコンビニの本部と加盟店の問題などがある（第8章参照）。

（4）特定商品の規制緩和
①酒の免許制度

　国が酒の販売を緩和すると既存の酒屋に大きな影響を与えた。酒屋はスーパーなどで酒の取り扱いが開始されると急速に業績が悪化した。酒屋の多くはコンビニの加盟店になり業種店から業態店へと転換した（第7章参照）。現在，コンビニは社会のインフラ機能を担うようになり生活に便利な商品を提供している。消費者がスーパーやコンビニで酒を購入すると酒屋の売上が低下して，酒屋と取引する卸売業者に大きな影響を与えその結果，酒類卸売業の流通システムが変化した。

　小売業が変化すると小売業に販売してきた卸売業に影響が出て流通システムが動くことになる。運送業や金融業に関する**規制緩和**は宅配便やネットやコンビニを利用して取引する新たなサービスを可能にして今日のネットビジネスの隆盛へとつながっている。このように，前提となる多様な法律やルールが変化することで個別企業の自由な競争が促進され結果的に新たな商品や流通システムが出現する（第8章参照）。

②薬に関する法律の変化

　国は**医薬分業**の政策で患者の診察，薬剤の処方を医師または歯科医師が担当し，医師の処方箋に基づき薬の調剤を薬剤師が担うことにした。医薬分業制度は医師と薬剤師の役割を分けることで不適切薬を排除，過剰投薬等を抑

制することを目的としている。その結果，病院で医師が処方した薬は病院内から調剤薬局へ移った。2014年に国は改正薬事法を施行して一般用医薬品（大衆薬）がインターネットで販売可能になった。改正薬事法は数品の劇薬を除くネット販売を解禁した。

　これまでに，薬屋は調剤薬局への専門化や食品・雑貨を一緒に扱う小売業への総合化を進めた。その結果，薬だけでない商品ラインが追加されて今のドラッグストアの業態に成長した（第8章参照）。消費者が薬を購入する小売店が薬屋からドラッグストアやインターネット経由へと変化すると，薬屋の業績はますます悪化する。ドラッグストアは食品を追加で品揃えするために食品が中心のスーパーマーケットと競合する。このように，医薬品のインターネット販売の拡大と新規参入，ドラッグストアの調剤薬局や食品などの強化が薬や食品の流通システムにインパクトを与えている。

2 経済面：E（Economy/Economical）

　企業は株価，為替，金利，原材料の価格変化，景気や個人消費の動向などの経済面の変動に対応する必要がある。上場企業は株価，海外取引をする企業は為替の動向が業績や意思決定に大きな影響を与える。

　平成に入りバブル期のブランド信仰は薄れ，イメージよりも実質本位で服を選ぶ消費者が増えてきた。このような経済下でユニクロ（山口市），百円均一ショップ（100均），業務用スーパーなどが消費者の支持を獲得して成長した[6]。

　2008年秋のリーマンショックは流通業界に大きな衝撃を与えた[7]。**デフレ**と合わせて急激な消費低迷が百貨店を直撃して2009年の全国百貨店の売上高は前年対比で10％以上減少した。百貨店は地方都市や郊外立地の中規模店舗を中心に不採算店舗を閉鎖して経営改善に取り組んだ。

　2019年10月からの消費税率8％から10％へのアップや2020年以降のコロナ禍で消費市場が厳しくなることが予測されている。そこで，イオン（千葉市）は低価格路線のディスカウントストアのビッグ・エー（板橋区）に力を入れる計画である。ビッグ・エーはハードディスカウンター（超安売り）と呼ばれる業態で2021年2月末342店舗を展開している。ハードディスカウンター

はドイツのアルディとリドルが世界の大手企業である。欧州では低価格かつ高品質を追求することで低所得者だけでなく中間層にも利用者を広げてリーマンショックなどを契機に業績を伸ばしている。日本のディスカウントストアの売上高トップはパン・パシフィック・インターナショナルホールディングス（PPIH：目黒区）の傘下企業ドン・キホーテ（目黒区）である[8]。

3 社会面：S（Society/Social）

　社会面で流通システムに影響を与える要因は人口減少，少子高齢化の進展で国内市場が中長期的に縮小することである。合わせて，高齢者の増加や働き方改革などの進展で生活様式や消費行動が大きく変化することである。個人消費はモノ的消費からサービス消費へとシフトしており，ライフスタイルの変化に適応するために流通システムが変化している。労働集約型の流通業は少子高齢化による労働力不足に対応するために合理化や効率化に取り組み生産性アップを目指す必要に迫られている。

　日本は少子高齢化やグローバル化などの影響から多様な生活様式や価値観を重視して共存する時代になった。社会面では人口動態と消費者の価値観や生活様式の変化が企業のマーケティング活動や流通環境に大きな影響を与えている（第4章参照）。

4 技術面：T（Technology/Technological）

　1980年代に入ると大型コンピュータからパソコンの時代へと移行し，1990年代にインターネットが登場すると一気に普及した。この時期に，米国ではアマゾン，グーグル，日本では楽天（世田谷区）などが設立されウェブ系ベンチャービジネスとして急成長した。そして，2007年に米アップル社CEOスティーブ・ジョブズがスマホ「iPhone」を市場に投入して大ヒットさせた。

　スマホは消費者が日常生活で携帯して使用する端末なので近年の流通システムに大きな影響を与えている。経済産業省の調査では2019年の物販のBtoC-EC市場規模は10兆515億円であった（図表2-4）。その内スマホ経由が4兆2,618億円でスマホ比率が42.4％であった。スマホを経由したEC市場規

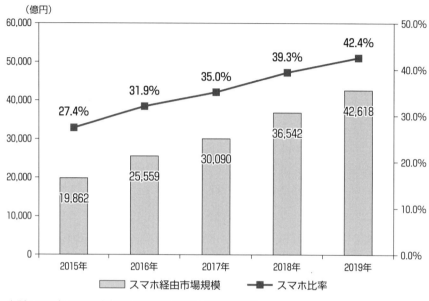

図表2-4　スマホ経由発注の市場規模とスマホ比率

出所：2020年7月経済産業省商務情報政策局情報経済課。

模が全体の約4割を超えていることがわかる。今後もスマホ経由の流通が広く普及するであろう（第12章参照）。

　同調査の業界別の傾向では，アパレル，化粧品・医薬品業界のように女性ユーザーがメインターゲットの業界ほど発注端末のスマホ利用率が高くなっている。一方で，スマホは高額品の購入などについては適さない。画面とキーボードが大きいパソコンでしっかりと申し込みをしたいというニーズが強いからである。これからも，消費者にとって便利な端末（デバイス）が改良され続けることで流通システムは大きな影響を受けることになる。

　現在（2021年）のコロナ禍で注目を浴びている**デジタルトランスフォーメーション（DX）**は事業環境の変化に対応するためにIT（情報技術）やデータを活用してサービスやビジネスモデルを変革することである。DXの目的は単なるITやデータの活用にとどまらず既存の企業文化や業務プロセスを見直して生産性を高めることである。最近はビッグデータ（big data），AI

（Artificial Intelligence：人工知能），ロボット（robot）などの最先端技術が流通システムに大きな影響を与えている（第12章・第13章・第14章参照）。

第 4 節　コンビニの業態開発

　これまでにPEST分析で外部環境が流通システムに与えた影響について概観した。本節はコンビニの業態開発の事例で考察する。

1　コンビニ（CVS）業態開発の経緯

　1973年9月に西友ストア（北区）は埼玉県狭山市にファミリーマート（港区）の1号店を開店した。同年11月にイトーヨーカ堂（千代田区）は米サウスランド社のエリア・フランチャイズを取得して，翌74年5月にセブン－イレブン（千代田区）の1号店を東京都江東区豊洲に開店させた。ダイエー（江東区）は1975年4月に米ローソン・ミルク社と提携してローソン（品川区）を設立した。

　日本型総合スーパーの大手3社が同時期にコンビニ業態開発に着手した背景には大型店の出店を規制する大店法の制定があった[9]。その後コンビニ各社は規制緩和や規制強化を活用しながら新しい品揃えやサービスを導入して現在に至っている。しかし，現状はコロナの影響や公正取引問題など新たな課題に直面している（第8章，第14章参照）。

2　PEST分析

（1）政治面

　コンビニが提供する商品（モノやサービス）の多くは規制緩和と規制強化から誕生している。消費者がネットで商品を購入して宅配便で商品を家に届ける。消費者は代金を最寄りのコンビニのATMで引き出して電気代金と一緒にコンビニで支払う。消費者はついでに規制緩和で販売することが可能になった米，タバコ，酒，薬を購入して帰る。このような消費者行動が定着した背景には，規制緩和や強化がある。特に宅配サービスを可能にした運送業

の規制緩和はネット販売や宅配ビジネスを急速に浸透，発展させることに貢献した。

　1997年にコンビニが公共料金の収納代行業務で金融機関を上回った。また1998年に国が一部医薬品販売を薬局・薬店以外に解禁する方針を打ち出すと，コンビニでも一部医薬品の販売を開始した。同様に国が酒販免許取得基準を段階的に緩和し，2003年に酒類免許規制が全面自由化されると酒の販売を開始した。コンビニは対面で購入者を確認できるのでタバコや酒の未成年者に対する販売規制が可能である。その結果，コンビニは酒やタバコの販売で消費者から絶大な支持を獲得した。

　現在のコンビニの品揃えは「モノ」の範疇に留まっていない。コンビニは宅配便の受付けや引き渡し，予約したチケットの発行，金融ビジネスへの参入，そして家庭への宅配などの「サービス」商品に力を入れている（第10章参照）。

（2）経済面

　コンビニはグローバル経済の中で積極的に海外展開をしている（第11章参照）。

（3）社会面

①消費者の変化

　社会面では人口減少や少子高齢化が流通環境に大きな影響を与えている。20世紀における，コンビニの主なターゲットは団塊ジュニアと呼ばれる独身男性であった（第4章参照）。当時のコンビニは団塊ジュニアに合わせた品揃えや便利な商品提供を目指していた。コンビニは大きめのデザート，ボリュームのある総菜の開発，多様な支払いの窓口サービス，ATMの設置など独身男性の便利さを徹底的に追求して成長した。しかし，流通環境の変化で，現在は女性や高齢者向けに商品を提供するように変化してきた。

②社会問題への対応

　コンビニは災害時や買物難民などの生活を支えるインフラとして注目され

ている（第10章参照）。一方で，コンビニは24時間営業を可能にする労働力確保が困難になっている。さらに，コンビニは深夜の騒音やエネルギー問題など生活の便利性の対価として，負の側面が急速にクローズアップされている。最近ではコンビニ本部と加盟店の関係性悪化やフードロスへの対応など社会課題への対応が求められている（第8章参照）。

（4）技術面

コンビニはシステム産業，ハイテク産業と呼ばれる。コンビニはPOS（販売時点情報管理：Point Of Sales）端末で収集した販売のデータとEOS（電子発注システム：Electronic Ordering System）による発注データ，そして生産の見込みデータ，配送データなどを連動して運用している。

コンビニは商品の動向について曜日，時間別，天候，客層別などで細かくデータ分析して発注数量，商品開発，品揃えの改廃，導入のタイミングなどに活用している。コンビニは情報システムの維持管理や新たな開発に巨額の継続的な投資が必要なことから寡占化が一気に進んだ（第8章参照）。

第5節　おわりに

本章は流通システムのフレームワークのマクロ環境のPEST分析について学習した。マクロ環境の国の流通政策や法律が個別の流通の仕組みに大きな影響を与えていることがわかった。20世紀は工業社会を背景に個別企業のマーケティング活動（メーカーは流通経路，チャネル政策，流通業はサプライチェーンや業態化）が流通環境に影響を与え相互作用しながら流通システムに影響を与えたことを確認した。

しかし，21世紀に入り20年以上が経過した今日，流通システムに影響を与え出したのは国際化の進展と巨大化したプラットフォーマーそして，コロナ禍での新しい生活様式や働き方改革，デジタルトランスフォーメーション（DX）などである（第13章・第14章参照）。

考えてみよう—Review&Discussion—

1. 規制緩和が進んだ結果，登場した新たな商品にはどのようなものがあるのか考えてみよう。

2. 20世紀の流通政策が流通システムに与えた影響を整理してみよう。

3. 規制緩和の良い点と，悪い点について考えてみよう。

注

1）サプライチェーン（Supply Chain）とは製品の原材料，部品の調達から，製造，在庫管理，配送，販売，消費までの全体の一連の流れのことである。日本語では「供給連鎖」と呼ばれる。

2）池尾他（2010, p. 18）。

3）流通革命とは流通システムに大きな変化を与えるためのスローガンである。スーパーを代表とする大型量販店は伝統的な生産者，卸売業者，小売業者の流通経路を革命的に変化させようと挑戦した。

4）第一次オイルショックは第4次中東戦争でアラブ産油国が石油輸出を停止したために原油価格が高騰して世界経済に大きな影響を与えたことである。

5）日米構造協議は米国が対日貿易赤字の原因は日本市場の閉鎖性（非関税障壁）にあるとして市場の開放を迫った。

6）2021年2月末時点では100円均一はダイソー（非上場：東広島市）が最大手で，セリア（大垣市），キャンドゥ（新宿区），ワッツ（大阪市）などがある。300円均一ではパルグループ（大阪市）の「3COINS」などがある。業務用スーパーの最大手は神戸物産（加古川市）で2019年度の売上高は2,996億1,600万円である。

7）リーマンショックとは米国の投資銀行のリーマン・ブラザーズ・ホールディングスが2008年9月15日に経営破綻したことに端を発して連鎖的に世界規模の金融危機が発生した事象を指す日本の通称である。

8）PPIHは2019年1月にユニー（稲沢市）を子会社化して立て直し中である。ドン・キホーテの2020年度6月期の決算売上高は7,049億1,000万円（2019年度前年比5.8％）である。

9）大店法の影響を受けたホームセンターの業態開発ではコメリ（新潟市）が1980年代の初めから売場面積1,000㎡以下の「ハード＆グリーン」業態開発を開始した。コメリはHCのコンビニ化を農村地域中心に展開して，2020年12月末時点で1,207店となっている。

第 **3** 章

流通環境の変化～ミクロ環境

【本章のねらい】

　本章はマクロ環境の政治，経済，社会，技術などの影響を受けて変化するミクロ環境の流通環境について考察する。個々の企業は流通環境の影響を受けながら最適な流通システムの構築を目指している。流通システムは市場の中の競争相手企業，仕入先企業，販売先の顧客企業や最終消費者などから直接的な影響を受ける。自社が位置する業界が他社にとって魅力的であり参入障壁が低ければ新規参入が増えて競争が激しくなるであろう。

　現在は，スマホの登場によって写真撮影，音楽，ゲームの楽しみ方などが大きく変化している。消費者はモノとしての商品を購入しなくてもサービスを受けることで自分のニーズを満たすことが可能になってきた。実店舗経由の流通システムの最大の競争相手がネット販売になったように20世紀には想像できなかった代替品や代替サービスが登場する可能性が高い。

　流通環境は個別企業の流通経路や集合体の流通機構を取り巻く市場環境，サプライチェーン，競争環境などの視点で考察できる（第2章参照）。流通環境は5つの競争要因の視点から分析できる。本章は流通環境を捉える手法として業界の5つの競争要因（5フォース分析）について学習する。

キーワード

> ミクロ環境，5つの競争要因，5フォース分析，参入障壁，再販制度，電子書籍，ローコスト・オペレーション，エブリディ・ロープライス（EDLP）

第1節　はじめに

　ミクロ環境は外部環境の中で直接企業に強い影響を与える要因のことである。流通システムは競争環境から影響を受けて変化する。第2節は流通システムに影響を与えるミクロ環境を分析する5つの競争要因について学習する。第3節は出版業界の事例を採用して小売業の書店について5つの競争要因で分析する。出版業界には国が決めた再販制度や業界固有の委託販売制度などの流通システムが存在する。出版業界は長年にわたり再販制度で守られてきたが，EC の登場によってリアル店舗（書店）を経由しない流通システムや電子書籍などの代替品が急速に浸透した。これまでの出版業界の流通システムは紙媒体の本を出版社が生産して卸売業，小売業経由で消費者に届けることであった。現在は，紙媒体を前提とした流通システムが電子媒体へ移行している。このように，出版業界の流通システムは激変の渦中である。

　第4節は食品業界の流通環境について小売業のスーパーマーケットの視点から考察する。食品の流通システムを担う小売業はスーパーマーケット，コンビニ，ドラッグストアなどである。食品は人口減少，少子高齢化，消費者のライフスタイルの変化などの影響を強く受ける。また，労働力不足，環境や社会問題など多くの課題に対応する必要がある。さらに，卸売業は総合商社による系列化や編成が進んでいる。総合商社は食の原料調達から小売業まで幅広い独自のサプライチェーンの構築を目指している。最後にフレームワークの視点から流通環境に影響を与える5つの競争要因について整理する。

第2節　流通システムとミクロ環境

1　ミクロ環境とは

　企業を取り巻く環境は外部環境と内部環境の視点で分析できる。外部環境はマクロ環境（第2章参照）とミクロ環境に分けられる。マクロ環境はミク

ロ環境に影響を与え，ミクロ環境は企業に直接影響を与える要因である。こ
れらのマクロとミクロの境界は必ずしも明確ではないが，企業がある程度対
応可能かどうかで判断する。

　Porter（1980）は5つの競争要因からミクロ環境を分析（5フォース分析）
して将来の変化を予測して強固な市場地位を構築する手法を提示した。5フ
ォース分析は経営の分析ツールとして企業戦略や競争戦略の策定に活用され
ている。競争戦略は5つの競争要因を分析して自社にとって有利なポジショ
ンを構築することである。5フォース分析は流通環境分析としてサプライチ
ェーンや競争相手の動向の分析にも用いることができる。5フォース分析は
外部環境で比較的管理可能なミクロ環境を分析するためのフレームワークで
ある。

2　5つの競争要因（5フォース分析）

　5フォース分析は「新規参入者の脅威」「既存企業同士の競争」「代替品の
脅威」「買い手の交渉力」「サプライヤーの交渉力」の5つの要因で編成され
るフレームワークである（図表3-1）。参入余地や魅力がある業界なのか，そ
れぞれの要因が自社にどのような影響を与えるのか，どこを攻略すれば収益
につながるのかという視座で業界全体の魅力度や参入障壁などを多面的に図
るフレームワークである。

　「新規参入者の脅威」とは業界に魅力度が高くて新規参入が比較的容易な
場合に新しいライバルが参入して競争が激しくなることである。規制などで
守られている業界は**参入障壁**が低くなると一気に市場が奪われることになる。
新規参入者は流通チャネルを確保しなければならないことが参入障壁になる。

　「既存企業同士の競争」は競合企業との違いや業界の成長率などが重要な
要素である。同業者はお互いに相手の行動を意識しながら行動する。

　「代替品の脅威」は間接競合品の存在，買い手が代替品に乗り替えるスイ
ッチングコスト，代替品のコストパフォーマンスの高さなどのことを指す。
「代替品の脅威」は企業が特定することが難しい場合が多い。まったく予期
しない代替品が登場することで盤石なシステムが一気に崩壊することがある。

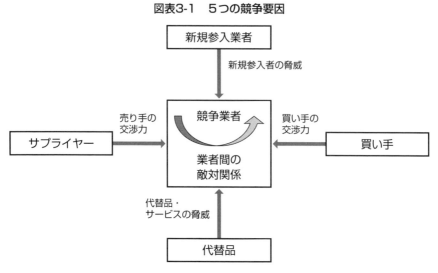

図表3-1　5つの競争要因

出所：Porter（1980; 訳書, p.18）。

　「買い手の交渉力」は販売先の顧客や顧客企業との力関係によって決まる。業界の寡占状況，顧客の商品・サービスに関する知識，商品・サービスの差異化などが考慮される。

　「サプライヤーの交渉力」は仕入先との力関係である。業界の寡占状況，サプライヤーの商品・サービスを代替するものがあるかないかで交渉力に違いが出る。「サプライヤーの交渉力」と「買い手の交渉力」は流通システムの川上から川下までの商品の流れに影響を与える。また，企業がサプライチェーンを編成するときにも影響を与える。

第3節　出版業界

1　出版物の流通システム

　出版業界の流通システムは出版社（生産者）から出版取次（卸売業者）そして書店（小売業者）を経由して消費者に出版物が届く仕組みである（図表

図表3-2　出版物の流通システム

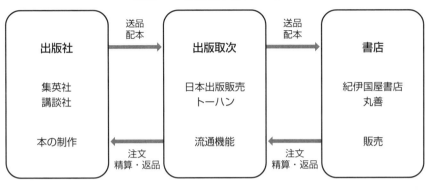

出所：筆者作成。

3-2)。出版業界には本の定価を守るための再販売価格維持制度と委託販売制の商慣習がある。委託販売制は小売業が送品されてきた出版物の売れ残りを出版社に返品することができる仕組みである。出版社は多くの出版物を出版取次に納品して出版取次から全国の書店へ流通させている。出版取次が間に入ることで出版社から書店への商流（取引）だけでなく物流（商品の発送・返品），情報流（売上や商品に関する各種データ）や資金流（商品代金の支払・請求）を円滑にしている。

（1）出版社（生産者）

　出版社は書籍や雑誌の製作，コンテンツの企画が主な業務である。書籍，雑誌などあらゆる分野を扱う総合出版社と文芸書，学習参考書，経済書などジャンルごとに強みを持つ出版社に分かれる。

（2）出版取次（卸売業者）

　出版取次は出版社から納品される本を書店の販売実績などを参考にして書店ごとに適当な数を決めて送品（配本）する。出版取次は本の商社と言うべき存在で流通の多様な機能を担っている。出版取次が情報を集約して出版社や書店に情報を送ることで円滑な流通や取引が可能になる。

（3）書店（小売業者）

　書店の役割は本を消費者に届けることである。最近は実店舗ではなくインターネット上の販売（EC:電子商取引）が進展している（第12章参照）。さらに，電子書籍が伸びてきた関係で電子書籍取次が台頭してきた。大規模書店は店頭での販売に加えて大学，公共図書館そして学術用データベースの販売などの事業を展開している。

2　出版物の状況

　出版科学研究所（新宿区）によると紙と電子を合算した出版市場の2019年度推定販売金額は前年比0.2％増の1兆5,432億円であった[1]。紙の市場は同4.3％減少したが，電子出版が同23.9％増と大きく成長した。出版市場全体における電子出版のシェアは，19.9％と前年の16.1％からさらに上昇して約2割を占める規模になった。2019年の紙の出版物（書籍・雑誌合計）の推定販売金額は1兆2,360億円で15年連続のマイナスであった。内訳は，書籍が同3.8％減の6,723億円，雑誌が同4.9％減の5,637億円であった。

3　再販売価格維持制度（再販制度）

　日本には本の流通システムに大きな影響を与える**再販制度**がある。国の再販制度はメーカーが小売業者に対し商品の小売価格の値段変更を許さずに定価で販売することを認める法律である。販売価格維持は，流通段階での自由で公正な競争を阻害し需要と供給の原則に基づく正常な価格形成を妨げて消費者利益を損なう。したがって，資本主義経済を採用する多くの国は独占禁止法上，原則違法としている。ただし，例外的に一部商品については一定の要件を定めて再販行為を容認している場合があり，それを再販制度と通称している。

　独占禁止法により再販売価格維持行為が独占禁止法の適用除外とされる「著作物」は書籍，雑誌，新聞およびレコード盤の4品目ならびにレコード盤と機能・効用が同一である音楽用テープおよび音楽用CDの2品目の計6品目に限定される[2]。

4　5フォース分析

（1）既存企業同士の競争

　書店数は市場規模の縮小に伴い減少して1996年の最盛期から50％以上の落ち込みである。2020年の書店数は1万1,024店舗でこの20年間で閉店数は約1万店である。書店の代表的な企業はカルチュア・コンビニエンス・クラブ（CCC, TSUTAYA（渋谷区）など），丸善CHIホールディングス（新宿区），紀伊国屋書店（目黒区）などである。最近は個性的な書店が登場して他との差異化を目指して存在感をアピールしようとしている。たとえば，店主が選別した書籍に特化して，作家を読んでトークショーの実施，ファンの集まりなどを主催している。

（2）サプライヤーの交渉力

①出版社

　出版社は紙媒体の書籍や雑誌離れの深刻な影響を受けている。インターネットやスマホの普及に伴いネットやSNSで情報収集する消費者が急増して，それに，若者の活字離れが拍車をかけている。少子高齢化の環境下で紙媒体が苦戦，電子版が伸長する見込みである。このような環境下で出版社は多様な事業展開を模索中である。

　集英社（千代田区）や宝島社（千代田区）は女性ファッション誌で豪華付録をアピール，コンビニなどの限定企画，軽量化・コンパクト化等の工夫をしている。さらに，出版社はネットや映像との融合，デジタルメディア事業の強化，電子書籍事業の展開など新たなビジネスモデルの構築を目指している。KADOKAWA（千代田区）はニコニコ動画を運営するドワンゴ（中央区）と経営統合して既存の出版事業からの脱却を図り，ゲーム，映画，海外展開等に力を入れている。講談社（文京区）はソフトバンク（港区）と協業体制，集英社はDeNA（渋谷区）と共同会社を設立して新たな事業に取り組もうとしている。

②出版取次

　出版取次は川中産業の卸売業である。書籍の流通システムは出版取次が出版社から本を仕入れて全国の書店に流す仕組みである。近年，出版業界は低

迷中でその深刻な影響を受けて出版取次の再編が進んでいる。出版取次の代表的な企業は日本出版販売（千代田区），トーハン（新宿区）である。ECの楽天（世田谷区）は2019年11月に子会社の大阪屋栗田（大阪市）を買収し，楽天ブックスネットワーク株式会社（文京区）へ社名変更した。楽天は会員基盤やIT基盤を生かして幅広い事業分野におけるシナジーの創出を図っていく方針である。楽天は共通ポイントサービスやアプリと連動した独自の経済圏であるエコシステムの創造を目指している（第12章参照）。

（3）買い手の交渉力～消費者

　出版業界に影響を与える消費者の要因は若者の活字離れ，娯楽や情報収集手段の多様化や無料化，団塊の世代の高齢化，フリマアプリの登場などである。活字離れはデジタル機器に慣れた若者の間で顕著で，長い文章を読む耐性が低下していると指摘されている。現在は無料で大量の情報がインターネットやSNS経由で得られるので調べ物をする場合に本を読む必要はない。

　雑誌は書籍よりも利益率が高いことから重要な商品である。雑誌の主な読者は団塊の世代であった。団塊の世代が高齢化するにつれて雑誌の販売が低迷したようである。消費者は雑誌を購入しなくても必要な情報はスマホとインターネットから簡単に入手できる。最近は雑誌サブスクリプションの新たなサービスが登場して浸透している。

　日本は再販制度によって出版物の価格を維持してきた。しかし，メルカリ（港区）などのフリマアプリの登場で中古品販売の二次流通市場が形成されている（第12章参照）。消費者は中古市場を簡単に活用できることからディスカウントされた本を書籍店以外の流通経路から入手できるようになった。

　さらに，消費者は暇つぶしや情報収集の手段としてNetflix，Amazonプライム，YouTubeなどのデジタルメディアを使用することが増えている。このような消費者が増加することで書店に行くことや紙媒体の本を購入する需要がますます低下していくことが予測できる。

（4）新規参入者の脅威

　このような変化に加えて新規参入者として有店舗の雑誌市場に参入したのがコンビニである。現在，コンビニは雑誌の市場が縮小したことから売場も縮小させている。インターネット経由の書籍の購入ではネット書店のアマゾン，楽天などがある。米国ではアマゾンの影響で有店舗の大手書店チェーンであったボーダーズ（Boarders）が2011年に破綻している。さらに2019年に米国書店最大手のバーンズ＆ノーブル（B＆N：Barnes＆Noble）が米投資会社に売却された。アマゾンはネット上の小売業としてリアルの本屋に甚大な影響を与えている。

（5）代替品

　消費者は従来の紙媒体での出版物を中古本書店，レンタルコミック店，漫画喫茶，図書館などで容易に読むことができる。ここに**電子書籍**が加わると読者は苦労せずにリアルの書店以外で出版物に接することが可能である。書店の経営は多様なアクセスや業態が進出する中で厳しさを増している。

　紙媒体での市場規模は縮小しているが世界的なレベルで市場規模が拡大しているのが電子書籍である。電子書籍は紙媒体の出版物の流通システムとは根本的に違う仕組みである。電子書籍は物理的な移動の輸送，在庫管理などの物流機能は必要ない。電子書籍は在庫に関係なくいつでも購入してすぐに読むことができ，読み終えても場所をとらない。電子書籍の利点は時間や交通費をかけて書店の店頭に行かなくても，自宅で購入してすぐに読むことができることである。しかも，電子書籍は生産コストの印刷代や物流コストなどがかからないために紙媒体の書籍よりも安い。

5　出版業界の流通環境分析

　20世紀の出版業界の流通システムは再販制度によって出版物の価格が維持されて安定した環境で推移した。しかし，21世紀の出版業界は市場規模の縮小と新たな流通システム（アマゾンなどのEC）や代替品（電子書籍）の出現によって出版社，出版取次，書店などが影響を受けていることがわかった。

書店数が減少した結果，出版取次の倒産・廃業が相次ぎ現在は数社程度に寡占化されてきた。このように，ECや電子書籍の影響で出版物の流通システムは大きく変化している。フリマアプリは，再販制度を克服しながら中古品販売の二次流通市場を形成させて新たな流通システムを浸透させた。

　自然環境保護が求められる中で流通システムは紙媒体から新たな媒体経由へと急速に変化するであろう。しかし媒体や提供方法がリアルからデジタルに移行しても出版物が提供するコンテンツに対するニーズはなくならない。

第4節　食品業界

1 食品の流通システム

　食品の流通システムは生産者（メーカー），卸売業者，小売業者そして消費者までの基本的なフローで概観できる。食品の小売業者として中心的な役割を担ってきたのがスーパーである。スーパーには日本型総合スーパーやスーパーマーケットがある。本節はスーパーマーケットを取り巻く環境について5つの競争要因で分析して食品流通システム全体を考察する。

2 5フォース分析

（1）既存企業同士の競争

　スーパーマーケットは一般的に価格重視型と品質・品揃え重視型に分けられる（第8章参照）。価格重視型は**ローコスト・オペレーション**を構築して低価格の魅力で集客する戦略である。

　価格重視型で存在感を出しているのがオーケー（横浜市）である。オーケーは2020年3月期で売上高4,360億円（前年対比110.2%），経常利益率5.42%，末の店舗数は123店である。オーケーは「高品質・**エブリディ・ロープライス（EDLP）**」を掲げて特売チラシは廃止して徹底的なNBの低価格戦略を採用している[3]。

　品質・品揃え重視型で定評があるのがヤオコー（川越市）やライフコーポ

レーション（大阪市）である。両社はPB商品開発で業務提携をしている。小売業は目利きの力で商品を選定して売場に品揃えすることが基本的な機能であるが，近年，小売業が商品を開発して販売することが増加した。

　小売業は低価格での仕入，PB開発などで優位性を発揮するために規模拡大に積極的である（第14章参照）。イオングループ（千葉市）は傘下のスーパーマーケットをエリアごとに統合して規模のメリットを追求しようとしている。それに対抗するように地域の有力流通グループは積極的なM&A（合併・買収）を展開して規模の維持と拡大に取り組んでいる（第14章参照）。

（2）サプライヤーの交渉力

　大手消費財メーカー（味の素（中央区）やサントリー（大阪市）など）はNBを生産して消費者の支持が強い特定分野を持っている。NBメーカーは特徴のある商品を生産して独自のマーケティングを実施している。NBメーカーは資本力があるので流通経路を使い分けて管理している。多くのNBメーカーは最終消費者に向けてテレビやインターネット経由での直接販売を強化している。NBメーカーは国内市場が人口減少，高齢化に向かうので海外展開に積極的である。NBメーカーは環境問題などの社会的課題へも積極的に関わって環境負荷を低減させる取り組みをしている。

　卸売業は総合商社主導で上位集中化が進んでいる。上位は三菱商事系列の三菱食品（文京区），伊藤忠商事系列の日本アクセス（品川区），独立系の国分グループ本社（中央区）である（第6章参照）。

（3）買い手の交渉力

　食品を取り巻く環境の変化として人口減少・高齢化の進展がある。そして，高齢者の単身世帯数の増加，世帯当たり人口の減少，共働き世帯の増加などがある（第4章参照）。消費者は居住地の近くの小売業が減少して，過疎地域のみならず都市部においても食料品の購入が不便になっている（第10章参照）。さらに，消費者は健康や特定領域の食生活への関心，環境や社会課題への関心など多様なライフスタイルや価値観を持っている。このような消費

者は特定領域の知識や体験が豊富である。小売業は消費者ニーズに適応した専門的な情報や提案，そして顧客体験を商品と合わせて提供することが必要となる（第15章参照）。

（4）新規参入者の脅威

　同業者が自社の市場に参入するケースと他業態から新規参入して食品の品揃えを拡充するケースがある。同業者はM&A（企業の買収）などを積極的に繰り返しながら自社市場へ進出してくる。近年は他業態であるが食品の品揃えを拡充することで取扱商品が重なってくることがある。スーパーマーケットはコンビニやドラッグストアと食品の販売領域で重なり脅威になっている。コンビニは消費者の生活に身近な立地で食品を提供することで人気がある。ドラッグストアは生鮮食品を含めた食品に力を入れている企業が多い（第8章参照）。ドラッグストアの中には売上の50％以上を食品が占める企業が出現している。さらに，家電量販店，ホームセンターなどがスーパーマーケットと重なる商品に力を入れる事例が増えている。

　コロナ禍の現在，食品の流通システムに影響を与える新規参入者はネットスーパーである。既存の小売業者がアマゾンや楽天と提携して積極的に参入していることから今後の展開が注目されている（第12章参照）。

（5）代替品の脅威

　スーパーマーケットにとって一番の脅威は中食や外食産業であろう。消費者が食品を食べる場合，スーパーマーケット経由で買い物をしなくても調理した商品を総菜小売業や外食で購入することができる。したがって，スーパーマーケットの商品分類の中で総菜は中食や外食などから直接影響を受ける。

　さらに，コロナ禍で消費者の購買方法が大きく変化している。特に，消費者が近くの外食産業にスマホから注文してテイクアウトやフードデリバリーをする新たな生活様式が浸透するとスーパーマーケットの需要が奪われることになる。現在の不透明な環境下では，革新的な流通システムが出現して急成長する可能性もある。

3　スーパーマーケットの流通環境分析

　上場企業の食品のNBメーカー，総合商社，小売業などは社会的な役割が大きい。したがって，環境や社会課題に積極的に対応することが必要不可欠である。国のマクロ的な視点からスーパーマーケットは食品リサイクル法（食品循環資源の再生利用等の促進に関する法律）への対応で食品廃棄物の発生抑制，有効利用の促進，フードロスや買物弱者への対応などが求められている（第10章参照）。さらに，スーパーマーケットの環境は少子高齢化による労働力不足問題，生産性の向上への取り組み，国内市場の縮小など大きく変化している（第4章参照）。コロナ禍でスーパーマーケットは非対面式やデジタル化などでリアル店舗の合理化，効率化が求められている。特に，スーパーマーケットは一定数の固定的な要員が必要であった支払い業務（資金流）をセルフレジ化するなどの改革が大手を中心に実施されている。

　スーパーマーケットは消費者が「必要な商品を実店舗で購入して，現金で支払って，自分で商品を家に持ち帰り，料理をして消費する」ことを前提として最適なシステムを構築した。この前提を分解すると，「必要な商品」は店がコンビニのように小さくても，ECのように無店舗でも解決できる時代になった。消費者はECで商品が購入できるので「実店舗」の存在意義が問われている（第15章参照）。

　消費者は「現金で支払って」についてカード，スマホ決済，ポイント利用などができる店舗を選択して購入する。特に，特定のカードのポイントを集めてそれが使用できる店を選択する消費者が増えている（資金流）。楽天のエコシステムで使用できるポイントなどを想像するとわかるであろう。スーパーマーケットはカードで収集したビッグデータを活用して販売促進や商品開発に連動させている（情報流）。

　消費者は「自分で商品を家に持ち帰り」についても重たい荷物を持ち帰りたくなければ宅配サービスが利用できる（物流）。「料理をして消費する」も必ずしも消費者はスーパーマーケットで食材を購入しなくても便利な宅配ビジネスが出現している。

第5節　おわりに

　本章は流通環境を考察する手法としてPorterの5つの競争要因について学習した。そして，5フォースの手法で出版業界と食品業界の流通システムについて分析した。フレームワークで考察すると出版業界の流通システムは市場規模の縮小などの多様な要因から影響を受けて大きく動いていることがわかった。媒体が紙からデジタルに変わり，提供するコンテンツや編集の方法そして提供方法が大きく変化している。生産者（出版社）が本を制作して卸売業者（出版取次）経由で配本すれば販売できる時代が変化していた。これからの出版物の流通システムは新たな価値を創造する力が求められている。

　続いて，食品のBtoCの商流を担うスーパーマーケットの流通環境について考察した。スーパーマーケットは品揃え，価格，販売方法など実店舗の仕組みを改善しながら業態を確立してきた。しかし，実店舗の品揃えや価格では新たにドラッグストアが急成長してスーパーマーケットの市場に参入している。また，IT化の進展やコロナ禍でECや情報流機能，物流機能に特化した企業が登場して新たな食品の流通システムを開発していた。

考えてみよう—Review&Discussion—
1．書店の新たな取り組みや方向性について考えてみよう。
2．紙媒体でないとできないこと，伝わらないことはどのようなことなのか考えてみよう。

注

1）出版科学研究所（https://www.ajpea.or.jp/〔検索日：2021年1月2日〕）。
2）公正取引委員会（https://www.jftc.go.jp/dk/soudanjirei/h17/h16nendomokuji/h16nendo07.html〔検索日：2021年4月14日〕）。
3）『激流』2020年10月1日，第45巻第10号，pp.29-30。

第 **4** 章

消費者の変化

【本章のねらい】

　生産者が商品を消費者に届けるための仕組みが流通システムである。本章は消費者の視点で市場環境がどのように変化しているのかについて概観する。時代の経過とともに消費者の集合体である市場（マーケット）が大きく変化する。

　消費者は外部環境（マクロ）のPEST分析ではS（社会），流通環境（ミクロ）の5フォース分析では買い手（販売先）の交渉力に相当する。

　たとえば，これから国内市場は人口減少や少子高齢化に向かって進展する。企業は今までと同じ商品を同じ方法で流通させるだけでは自然に売上高は減少する。人口動態はかなりの精度で的中するので企業は国内市場が縮小することを前提に多様な活動をしている。現在，企業は**M＆A（合併・買収）**による規模の拡大，新たな分野への進出，海外展開などを積極的に試みている[1]。

　前章で紙媒体の雑誌はインターネットや電子書籍へ移行が進み，出版取次や書店の経営に甚大な影響を与えていることを考察した。雑誌の売上低迷は団塊の世代が現役世代から離れたのと若者の紙媒体離れ，活字離れが大きな要因であった。同世代の消費者はマクロ環境を共有して育ったことから同じ生活様式（ライフスタイル）や購買行動を採用する傾向がある。20世紀の企業は人口が多い団塊の世代や団塊ジュニアに向けてマーケティング活動を実施した。その結果，団塊の世代と団塊ジュニアはマーケットの動向に多大な影響を与えてきた。

　これからの市場の主役はミレニアル世代やZ世代と呼ばれる消費者である。本章はミレニアル世代やZ世代がどのような価値観や生活様式を採用しているのかについて考察する。そして，多様なライフスタイルと企業の対応について概観する。

キーワード

M&A（合併・買収），人口動態，少子高齢化，団塊の世代，団塊ジュニア，ミレニアル世代，Z世代，生活様式，ライフスタイル，LOHAS（ロハス），スローライフ，アクティブシニア，ベジタリアン，オーガニック

第 1 節　はじめに

　流通システムは企業を取り巻く流通環境に対応しながら動いていく。本章は流通環境に影響を与える社会的環境の中で**人口動態**と消費者のライフスタイルの変化について学習する。第2節は国の統計資料から10年後，20年後の人口動態について確認する。そして，主な世代の特徴について，団塊の世代と団塊ジュニア，ミレニアル世代とZ世代について学習する。

　第3節は世代を対象とした企業活動について団塊の世代と団塊ジュニアへの対応，シニアへの対応，ミレニアル世代への対応について考察する。マーケティングは市場に向けて顧客のニーズに適応する商品を届けるための活動である（第1章，第5章参照）。企業が対象とする消費者（標的顧客，ターゲット）の需要が大きいほど成功する確率が高くなる。

　第4節は多様なライフスタイルと企業の対応について概観する[2)]。企業は消費者のライフスタイルに合わせた商品を市場に投入してきた。近年の代表的なライフスタイルを考察して，消費者ニーズに対応した企業活動の事例を確認する。最後に設定したフレームワークの視点で整理する。

第 2 節　人口統計資料

1　日本の将来推計人口

　日本の将来推計人口（図表4-1）は将来の出生推移・死亡推移についてそれぞれ中位，高位，低位の3仮定を設けている。全国の将来推計人口（出生中位・死亡中位推計）によると2015年の総人口1億2,709万人は長期にわたって減少が続き，2040年の1億1,092万人を経て2053年には1億人を割って9,924万人，2065年には8,808万人まで減少する見込みである。

図表4-1　日本の将来推計人口

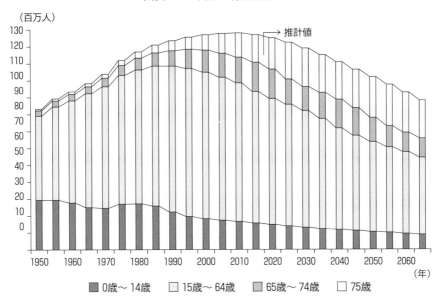

（百万人）

凡例：■ 0歳〜14歳　□ 15歳〜64歳　▨ 65歳〜74歳　□ 75歳

出所：国立社会保障・人口問題研究所「日本の将来推計人口（平成29年推計）」
　　　（http://www.ipss.go.jp〔検索日：2021年3月22日〕）。

2 世帯数と世帯構成

　同調査[3]によると，世帯総数は2015年の5,333万世帯から増加し，2023年の5,419万世帯でピークを迎え，その後は減少に転じて2040年には5,076万世帯まで減少する。1世帯の平均人員は2015年の2.33人から2040年には2.08人へと減少する。

　2015年から40年の間に「単独」世帯は34.5％から39.3％，「夫婦のみ」は20.2％から21.1％，「ひとり親と子」は8.9％から9.7％へと割合が増加する。一方で，かつて40％以上を占めた「夫婦と子」は26.9％から23.3％に低下する見込みである。

　2015年から40年の間に世帯主が65歳以上の世帯は1,918万世帯から2,242万世帯に，75歳以上である世帯は888万世帯から1,217万世帯に増加する。全世

帯に占める65歳以上世帯主の割合は36.0％から44.2％に増加する。また65歳以上世帯主に占める75歳以上世帯主の割合も46.3％から54.3％と増加し高齢世帯の高齢化が一層進展する。65歳以上男性の独居率は14.0％から20.8％，女性は21.8％から24.5％と上昇する。75歳以上では男性は12.8％から18.4％と上昇するが女性は26％前後でほとんど変化しない。

　以上の調査から世帯数は2023年をピークに減少，世帯構成員の「単独」「夫婦のみ」「ひとり親と子」の割合が増加さらに，世帯主の高齢化が進み65歳以上の高齢世帯が増加，高齢者の独居率が上昇することがわかった。

　国際的に比較するとノルウェー（2015年）平均世帯数2.2人，単独世帯割合が38.4％，デンマーク（2016年）2.0人，44.8％，イギリス（2016年）2.3人，29.7％，アメリカ（2016年）2.7人，28.0％である。日本の推計は2015年で2.33人，34.5％，2040年で2.08人，39.3％である。これらの数字は北西欧諸国の数字と比べて特別な数字でないことが伺える。

　厚生労働省は共働き等世帯数の年次推移で専業主婦世帯が2019年で575万世帯まで大きく減少，その一方で共働き世帯が1,245万世帯へ増加したと提示している[4]。

3　世代間の状況

　2015年の人口ピラミッドによると総人口の中で 0 歳から14歳の年少人口が1,595万人（12.5％），15から64歳の生産年齢人口が7,728万人（60.8％），65歳以上の老年人口が3,387万人（26.6％）であった。

　今後，年少人口は2056年に1,000万人を割り込む見込みである。生産年齢人口は2029年に7,000万人まで減少する。一方，老年人口は2030年に3,716万人程度まで増加すると予測されている[5]。この人口の動きが**少子高齢化**である。

　2015年の人口ピラミッドから多い世代が66歳から68歳（1947年から1949年生まれ）を中心とした人たちであることがわかる。この塊は第 1 次ベビーブーム世代と呼ばれる。次の大きな塊は第 2 次ベビーブーム時代（1971年から1974年頃生まれ）の41歳から44歳頃である。

4 主な世代と特徴

（1）世代

　同じ世代の人たちは共通のマクロ環境の中で生活した。人は幼少期から成長期に受けた環境によって価値観が形成されることが多い。特に，同一世代は小学校からの義務教育の方針や時代背景などから多大な影響を受ける。したがって，企業は消費者が過ごした時代や各世代の特徴を知ることが効果的なマーケティングのために必要となる。

　マーケティング研究などが重視する世代は，団塊の世代（1947年から1949年生まれ），団塊ジュニア世代（1971年から1974年頃生まれ），ミレニアル世代（1980年以降生まれ），Z世代（1996年頃から2012年頃生まれ）などである。これらの世代は共通の価値観や生活様式などの特徴が見受けられる。

（2）世代の特徴

①団塊の世代と団塊ジュニア世代

　団塊の世代は1947年から1949年生まれの世代である。団塊の世代は高度経済成長の中で社会人になりバブル期では40歳前後の働き盛りであった。団塊の世代は堺屋太一氏の小説『団塊の世代』から名付けられた[6]。団塊の世代は人口が多いため国の政策や社会に対して大きな影響力を持っている。また，少子高齢化が進展する中で団塊の世代の医療費や社会保障コストの増大などの大きな課題を提示している。国は団塊の世代が75歳以上になる「2025年問題」に向けて医療や福祉の対策に取り組んでいる。

　団塊ジュニア世代（1971年から1974年頃生まれ）は団塊の世代の子供たちである。多くの団塊の世代は結婚後両親から離れて核家族として生活した。団塊の世代が目指したのは中流家庭としての生活である。団塊ジュニアは団塊の世代の家庭の中で育ち，両親の影響を受けて比較的恵まれた自由な環境下で育った。このような家庭はニューファミリーと呼ばれた。ニューファミリーは友達的な雰囲気の夫婦親子関係でマイホーム志向が強く，流行やファッションに敏感だとされている。

②ミレニアル世代

ミレニアル世代は一般に1980年以降に生まれ2000年以降に成人を迎えた世代を指す。ミレニアル世代はさらに細かく1980年から1995年までに生まれた世代がY世代である。ジェネレーションYと呼ばれることもあるが同義語である[7]。ミレニアル世代はインターネットが社会に浸透した時代に育ったデジタルネイティブである。たとえば，ミレニアル世代の1980年生まれの人は高校生の頃からパソコン，インターネットそしてスマホ，SNSと一緒に生活してきた。

ミレニアル世代は学生時代からパソコンやインターネットを使いこなし，スマホ経由でSNSのTwitter，Facebook，InstagramそしてLINEなどを日常的に活用している。ミレニアル世代を対象にした調査は情報リテラシーが高い，物質的な豊かさよりも精神的な豊かさを求める傾向が強い，仲間とのつながりを大事にする，社会貢献に関心が高い，楽観的で理想を追い求める傾向が強いなどの特徴があることを提示している。

したがって，企業はSNSを通してミレニアル世代が共感するメッセージを発信することが重要である。ミレニアル世代は実店舗（オフライン）を利用しながら育ちスマホの普及とともにネット（オンライン）に慣れた世代である。企業はミレニアル世代を対象にオンラインとオフラインの両方に留意した活動をする必要がある。

現在，ミレニアル世代は社会の中核になったことから企業がマーケティングの対象として注目している。しかし，企業はミレニアル世代を一括りにできないことや育った環境によって価値観が大きく違うことなどに留意する必要がある。

③Z世代

Z世代はミレニアル世代の中でY世代（1980年から1995年までの生まれ）よりもさらに若く1996年頃から2012年頃生まれの世代を指す。Z世代はスマホとインターネットが社会に普及してそれらを活用しながら成長した。Z世代の人口は世界規模で見ると全体の約四分の一を占める大きな塊である。

したがって，国際化を目指す企業はZ世代が重要なマーケティングの対象

である。日本のＺ世代は令和がスタートしてから就職して社会人になり新しい時代を切り開く世代である。現在働き盛りを迎えているＹ世代に代わる新しい**生活様式**を創造するのがＺ世代である。

　Ｚ世代はＹ世代と価値観が大きく違っている。ミレニアル世代はモノの所有よりも体験を重視する傾向がある。Ｙ世代はゲーム機のアナログ時代を経験している。しかし，Ｚ世代はスマホによる配信サービスの利用以外の経験がない。Ｚ世代は急速なイノベーションの時代に成長したために新技術やサービスに関心が高い傾向がある。

　さらに，Ｙ世代は企業に対する信頼度が著しく低い傾向があり，SNSの怖さを良く知っている世代である。Ｚ世代はＹ世代よりも社会的責任を果たす企業をより強く信頼する傾向がある。なお，Ｚ世代の次は「ジェネレーションα（アルファ世代）と呼ばれている。

第3節　世代を対象とした企業活動

1　団塊の世代と団塊ジュニアへの対応

　団塊の世代が若かった時は欧米，特に米国から輸入された価値観や**ライフスタイル**に憧れが強かった。団塊の世代は保守的な親たちの世代の価値観に対する反発，反抗心が旺盛であった。団塊の世代はＴシャツにジーンズ姿，長髪，ロックやフォークの音楽を社会に定着させた。そして，団塊の世代は欧米の流行を導入して紹介した店舗や雑誌などを好んだ。

　企業が団塊の世代を対象にした商品は米リーバイスに代表されるジーンズ，日清食品（新宿区）などのインスタント食品，米マクドナルドなどのファストフード，米コカ・コーラなどのソフトドリンクである。団塊の世代とともに成長したのが日本型総合スーパーやファミリーレストランであった。

　団塊ジュニアはバブル経済，その後のバブル崩壊を経験している。したがって，団塊ジュニアの多くは架空の価値が一気に喪失することを身近で体験していることからブランドの価値に対して懐疑的である。団塊ジュニアは百

貨店が販売するブランドよりもユニクロ（山口市）や無印良品（豊島区）を支持した。ユニクロは機能と品質で団塊の世代と団塊ジュニアから支持される商品開発をして急成長した。初期のコンビニは団塊ジュニアの男性を対象に品揃えやサービスを開発して成長した（第2章参照）。

2 シニアへの対応

　イオン（千葉市）はシニアを対象とした対応を強化している。イオンは食品売場で個食，適量，減塩，低カロリーの商品に力を入れている。イオンは一人暮らしのシニアの増加に対応するために料理をしなくても食べられる総菜や購入後その場で食べて帰られるイートインのサービスを提供している。イオンはシニア向けの靴や帽子，ウォーキング用のウェア，老眼鏡などの品揃えを強化している。

　さらに，イオンは暮らしの困りごとを解決するための出張サービスやラジオ体操の会場提供などシニア向けイベント，コミュニティスペース，介護予防やリハビリデイサービスにも取り組んでいる。イオンは施設の内外にウォーキングコースを設定，カルチャースクールも導入するなどしてシニアを中心とした来店動機づくりに積極的である。

　三越伊勢丹HD（新宿区）の三越日本橋本店はコンシェルジュを配置して手厚い接客サービスによる上得意のシニアへの対応を強化している。スーパーマーケットのライフコーポレーション（大阪市）などでは特定の日にシニア向けの割引サービスを実施している。このようなシニア特典を実施する日は偶数月の15日の年金支給日を意識して設定されていることが多い。

3 ミレニアル世代への対応

　ミレニアル世代は集中豪雨や震災などの自然災害を身近に体験して育った。したがって，ミレニアル世代はリサイクルや地球温暖化といった環境や社会課題に関心が高い。世界中のミレニアル世代を対象にしたアンケート調査の回答者の約半数が世界全体に影響している最も深刻な問題は気候変動／環境破壊だと回答している[8]。

　ミレニアル世代は自分たちの将来や現在の生活に直結する環境問題とそれに対する企業の取り組みに対して敏感である。大手のカフェチェーンやファストフード店はミレニアル世代への対応として，プラスチックから紙製のストローや容器への変更を急いでいる。社会的なコンテンツはSNSで発信して共有しやすい[9]。企業が積極的に自然環境保護やSDGsの課題に向き合う姿勢を見せることで環境問題やリサイクルなどの教育を受けているミレニアル世代の心をつかむことができる（第13章参照）。

　デジタルチャリティーが若者を中心に浸透している。これは，スポンサー企業，支援先，投稿者の3者間が良い関係になる取り組みである。企業がSNS上でデジタルチャリティーを主催すると誰でも簡単に社会貢献活動に参加できる。企業は自社の社会貢献活動を宣伝する効果と自社のサイトに投稿者を誘導する効果がある。デジタルチャリティーはSNSを使い慣れているミレニアル世代にとっては参加しやすい企画である。

　ミレニアル世代を中心に価値観やライフスタイルが「所有から体験へ」「モノからコト消費へ」急速に変化してインターネットやSNSを活用した新しいサービスが相次いで誕生している。ミレニアル世代はモノを所有することよりも「体験・使用」「共有・シェア」「思いやり・ケア」に価値観を置くことから新しい業態やサービスが登場している（第13章，第14章照）。

第4節　多様なライフスタイルと企業の対応

1　多様なライフスタイル

（1）ロハス（LOHAS）

　LOHAS（Lifestyles of Health and Sustainability）は健康と環境，持続可能な社会生活を心掛けるライフスタイルである[10]。LOHASは1990年代の後半に米コロラド州で生まれた。LOHASの原点は地球環境や農薬汚染の問題に危機意識を持った社会企業家やクリエイティブな人たちがビジネスで新しいパラダイムの創造を目指したことである。日本では2004年頃からマスコミ

が頻繁に情報発信して一般に普及した。

　LOHASは環境にやさしいライフスタイルとして商品を選択する際に価格よりも性能や環境への配慮，デザインなどを重視する。LOHASは持続的な社会の実現を目指して地球環境に負荷をかけない，風力発電などの自然エネルギーの活用，サステナブルな農業，地球温暖化の防止，エネルギー源の水素化の実現などを重視している。LOHASはなるべく薬に頼らない予防，運動，食育，医学などに気を使っている。LOHASはヘルシーな食品やナチュラルなパーソナルケア商品，たとえば有機野菜や化学添加物の少ない商品，自然系洗剤等を愛用している。LOHASは自己啓発のために文化との接触，ヨガや習い事，友人関係への時間投資などを重視している。米ホールフーズはこのような消費者のライフスタイルに対応しながらオーガニック農業を育成して流通システムを構築して成長した[11]。

（2）スローライフ

　スローライフは自分で仕事を調整してのんびりと自由になる時間を創り，それを楽しむ暮らし方のことである。スローライフは時間を自分が好きなことをするための個人的な趣味や仲間との集まりなどに使う。現在ではガーデニング，音楽や演奏，DIY，料理などに使う人たちが増えている。

　20世紀の社会は大量生産や効率化が重視される高速型の忙しい生活が中心であった。日本はこの考え方で成長して便利な社会を構築してきた。しかし，今のコンビニが象徴するように効率化や便利性の過度な追求は副作用をもたらす。北欧社会は伝統的にスローライフを日常生活の中に定着させて国の幸せ度指数が高いことで知られている。北欧はスローライフを導入しながらも子供の学力，労働生産性なども上位にランクされている。

（3）アクティブシニア

　アクティブシニアは一般的に「仕事・趣味などに意欲的で健康意識が高い傾向にある活発な高齢者」を指す。（一社）日本アクティブシニア協会（千代田区）はアクティブシニアを前期高齢者（65歳から75歳）と定義している。

アクティブシニアの特長は，仕事や趣味に対して意欲的，新しい価値観を取り入れる，健康意識が高い，自立意識が高いなどである。

　アクティブシニアは時間と金銭に比較的余裕がありそれらを有意義に使いたいと考える傾向がある。アクティブシニアは新しい価値観を手に入れるために旅行，趣味などに時間とお金を消費して楽しむことを求めている。また，社会貢献や他者支援型の活動に関心が高く，他者と共通の関心や趣味を共有することでつながる機会を持つことを望んでいる。

　アクティブシニアはこれまでの人生で培ってきた自分なりの価値観を大切にしている。そして，生涯現役で生活したいことから積極的に健康や病気予防を取り入れる傾向がある。特に，老後は子供に迷惑をかけたくない，できる限りのことは自己解決したいと考えている。アクティブシニアの情報収集はスマホの利用が高まっているが，現時点ではSNSよりもマスメディアを活用する傾向が強く利便性よりも見やすくて簡単な媒体を好む傾向が強い。

（4）ベジタリアンとヴィーガン

　ベジタリアンはさまざまなタイプの菜食主義者の総称で肉や魚を食べないライフスタイルである。**ヴィーガン**はそれに加えて卵・乳製品・はちみつも食べない完全菜食主義者である。ヴィーガンは欧米を中心に増加しており，日本でもこれから需要が高まりそうである。

　エシカル・ヴィーガンは健康だけでなく身の回りのものからできる限り動物由来のものを避けることで動物の命を尊重する人たちである。現在は畜肉に代わる豆類やコメなどの原材料から製造された植物性代替肉がベジタリアンやヴィーガンから注目されている。

（5）オーガニック

　オーガニックは農薬や化学肥料に頼らず，太陽・水・土地・そこに生物など自然の恵みを生かした農林水産業や加工方法を指す言葉である[12]。オーガニックが広まることにより人や動植物，微生物などすべての生命にとって平穏かつ健全な自然環境，社会環境が実現する。私たち人間が末永く健康であ

ろうと願えば微生物や植物の生存環境である汚染のない水・大気・土を考え
て生活する必要がある。一般的にオーガニック食品は安全で美味しいとされ
ている。

2　ライフスタイルへの対応

（1）無印良品

　無印良品は日本型総合スーパー各社がナショナルブランド（NB）よりも
安いプライベートブランド（PB）開発を進めたことが契機で誕生した。無
印良品は1980年に（株）西友（北区）のPBとして食品を中心に40品目で開
始され，40年を経た現在は7,000品目を展開するブランドに成長した[13]。西
友は「わけあって，安い」のコンセプトで，クオリティは百貨店並みかつ価
格はNBよりも3割安い商品開発を目指した。無印良品は必要な機能に特化
し可能な限りシンプルにして，経済合理性を追求しながら自然由来の素材で
ナチュラル感を打ち出した。

　1983年に無印良品は東京・青山に単独で出店，1989年に良品計画（豊島区）
が設立された。良品計画は企画開発・製造から流通・販売を行う製造小売業
として衣料品，家庭用品，食品など世界中の人々の暮らしを軸とした商品群
を送り出してきた。良品計画は「感じ良いくらしと社会」へ向けてグローバ
ルに事業展開をしている。無印良品は良心とクリエイティブによって成立し，
シンプルに美しい暮らしを願う顧客とともに「くらしの基本と普遍」を共創
している（第15章参照）。

（2）オーガニックへの対応

　イオンはフランス発のオーガニック・スーパーマーケットである「ビオセ
ボン」（中央区）を展開している[14]。イオンは2016年に日本第1号店の「麻
布十番店」を開店している。オーガニックは生産過程から環境や健康への配
慮をして「良い」だけでなく「おいしい」商品である。

　オイシックス・ラ・大地（品川区）はオーガニックなどの視点から農薬を
できる限り使用しない農作物，できる限り自然に近い環境で育てられた健康

な畜産物など栽培方法や飼育方法が明らかな農産物，畜産物を消費者に配送している[15]。

第5節　おわりに

　本章は社会や市場の構成員である消費者についてマクロ環境，流通環境の視点で考察した。消費者の集合体を意味する市場（マーケット）や特定企業にとっての顧客（ターゲット）について学習した。生産者が商品を市場へ，個別企業が個別商品を顧客に届けるためには消費者のニーズに対応する必要がある。

　国の将来推計人口調査は多少の誤差があっても確実にやってくる近い将来の市場の姿である。市場規模は人口×一人当たりの支出額で表されることから，人口が減少する日本市場は一人当たりの収入が大きく増えない限り全体的な市場規模が確実に縮小する。

　消費者の価値観や生活様式は子供時代の教育方針や与えられた共通の社会環境から自然に大きな影響を受ける。消費者は世代間の特徴があり多様な生活様式があることを学習した。現在は，SDGsに代表される環境や社会課題，コロナ禍での新たな生活様式が消費者，そして流通システムに影響を与えている（第13章，第14章参照）。

　　考えてみよう―Review&Discussion―
　1．どうして同じ世代は同じ行動様式や価値観を持つのだろうか。
　2．Z世代のライフスタイルの特長を考えてまとめてみよう。

注

1）M&AとはMergers（合併）and Acquisitions（買収）の略である。M&Aは企業の合併買収で，合併とは2つ以上の会社が1つになること，買収とは他の会社を買

うことである。広義では他者と提携することも含む。

2）生活様式とはある社会，集団，組織に属する人たちに共通して見られる生活の型である。ライフスタイルとは生活の営み方，様式である。人生観，価値観，習慣などを含む個人の生き方を指している。生活様式は全体，ライフスタイルは個人の視点での用語だが本書は厳格な区別をしていない。

3）日本の世帯数の将来推計（http://www.ipss.go.jp/pp-ajsetai/j/HPRJ2018/hprj2018_gaiyo_20180117.pdf〔検索日：2021年4月14日〕）。

4）厚生労働省「厚生労働白書」（https://www.mhlw.go.jp/stf/wp/hakusyo/kousei/19/backdata/02-01-01-03.html〔検索日：2021年3月22日〕）。

5）国立社会保障・人口問題研究所「日本の将来推計人口（平成29年推計）」（http://www.ipss.go.jp/site-ad/TopPageData/PopPyramid2017_J.html〔検索日：2021年3月22日〕）。

6）堺屋氏は第1次ベビーブーム世代が将来の日本社会に与える影響について予測した小説を執筆した。

7）多様な調査や企業活動の中で世代の名称が用いられている。これらの名称や対象とする世代の期間に共通の定義はない。

8）世界経済フォーラムの年度調査（https://jp.weforum.org/reports?year=2017#filter〔検索日：2021年3月22日〕）。

9）海洋汚染の影響で鼻先に突き刺さったプラスチックで苦しむウミガメの映像がSNSで若者を中心に拡散されたことで注目を浴びている。

10）NPOローハスクラブ（http://www.lohasclub.org/lohas〔検索日：2021年4月14日〕）。ライフスタイルとは「生活の様式・営み方，また人生観・価値観・習慣などを含めた個人の生き方（デジタル大辞泉）」である。

11）米アマゾンが2017年にホールフーズのM&Aを実施した。

12）日本オーガニック＆ナチュラルフーズ協会（http://www.jona-japan.org/qa/〔検索日：2021年4月14日〕）。

13）（株）良品計画アニュアルレポート（https://ssl4.eir-parts.net/doc/7453/ir_material_for_fiscal_ym2/92537/00.pdf〔検索日：2021年4月14日〕）。

14）ビオセボン（https://www.bio-c-bon.jp/concept/〔検索日：2021年4月14日〕）。2020年10月に仏カルフールがビオセボンの仏国内107店舗を買収した。

15）オイシックス・ラ・大地（株）（https://www.oisixradaichi.co.jp/company/〔検索日：2021年4月14日〕）。

第 II 部

これまでの動き(1)
誰が（主体：流通機関の構成員）

第5章　生産者の流通システム

生産者の基本的な機能や役割，理論や概念，そして生産者の流通システムのこれまでの変化について考察する。

第6章　卸売業者の流通システム

卸売業者の基本的な機能や役割，理論や概念，そして卸売業者の流通システムのこれまでの変化について考察する。

第7章　小売業者の流通システム

小売業者の基本的な機能や役割，理論や概念，そして小売業者の流通システムのこれまでの変化について考察する。

第8章　業態の変化

小売業者が消費者に商品を届ける方法について一定の仕組みを確立しながら変化して行った流れを学習する。

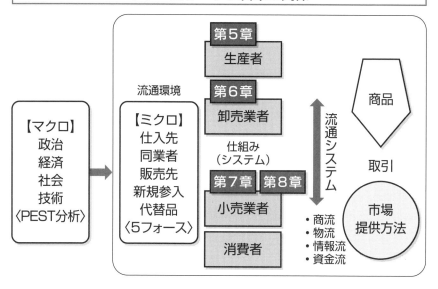

フレームワークと各章の関係

【マクロ】
政治
経済
社会
技術
〈PEST分析〉

流通環境

【ミクロ】
仕入先
同業者
販売先
新規参入
代替品
〈5フォース〉

第5章
生産者

第6章
卸売業者

仕組み
（システム）

第7章　第8章
小売業者

消費者

流通システム

・商流
・物流
・情報流
・資金流

商品

取引

市場
提供方法

第 5 章

生産者の流通システム

【本章のねらい】

　本章は生産者（メーカー）の視点から流通システムについて考察する。メーカー（製造業）の立場で個別企業の流通システムに焦点を当てた研究がマーケティングである。20世紀の米国で資本力を背景に寡占的な立場を構築した消費財メーカーが大量生産した商品を効率的に市場に届けることを目的にマーケティング研究は発展した。メーカーは自社にとって一番都合の良い流通経路（チャネル施策）を策定してきた。当時の消費財メーカーは卸売業者や小売業者よりも規模が大きく資本力も強大であった。このため，メーカーはマーケティング・チャネルを系列化することで強い影響力を発揮しようとした。

　本章はメーカーの立場でのマーケティング研究の基本について学習する。そして，日本を代表する製造業の家電業界と自動車業界，そして化粧品業界の流通システムのこれまでと現状について概観する。個別のメーカーが自社商品を効率的に消費者へ届けるために編成する仕組みを流通システムとして捉える。そして，環境とともに特定業界や企業の流通システムがどのように変化したのかについて確認する。

　本書は生産者が現在の流通環境の急激な変化に対してどのように対応しようとしているのかについて章を改めて考察する（第13章参照）。

キーワード

マーケティング，STP，マーケティング・ミックス，マーケティング・チャネル，直接流通，間接流通，チャネル政策，系列化，リベート，アローワンス

第1節　はじめに

　米国の消費財メーカーは20世紀初頭に大量生産システムを確立した。メーカーは大量に生産した商品を大量に消費者に届けるために独自の流通システムを編成した。日本の消費財メーカーの多くは大量生産システムが構築されるまでは規模が小さく販売力がなかった。そのため，メーカーは卸売業者に流通を委託したことから流通の主導権は主に卸売業者（流通業者，商業者）が持っていた[1]。大量生産システムを確立したメーカーは生産から消費までの全流通プロセスで個別市場の創造を目指した。本章は第2節でメーカーのマーケティング研究について，第3節でメーカーの流通政策について学習する。第4節でメーカーが実施した流通政策について家電業界，自動車業界，化粧品業界の事例で概観する。最後に，設定したフレームワークを通して整理する。

第2節　メーカーのマーケティング研究

1　マーケティング戦略（STP）

　メーカーのマーケティングは個別市場を対象に異質市場を前提として消費者に自社商品を届けるための活動である。田村（2001）の「商業モード」を前提とした時代では，メーカーは商品の流通機能を商業者に依存した。20世紀の工業社会の中で，メーカーのマーケティングは大きく発展して成果を上げた。その代表的なメーカーのマーケティングがKotler（1980）の提唱したSTPマーケティングである。

　STPはニーズや選好の異なる購買者グループを特定してその特徴を明確にする市場細分化（セグメンテーション：Segmentation），特定した市場の中でどの市場を対象にするかを決める（ターゲティング：Targeting），自社の市場提供物の明確な便益を確立しそれを伝える市場ポジショニング（Positioning）の頭文字を取ったものである。

（1）セグメンテーション

　市場セグメントは類似した欲求を共有する顧客グループから成立する。セグメンテーションとは市場を一定の基準で区分けすることである（図表5-1）。企業が商品を開発するときに万人向けではなく，特定のニーズを持つ顧客に絞り込む考え方である。セグメンテーションは似たようなニーズを持つ顧客層に分けて考えることで市場細分化と呼ぶ。セグメンテーションする指標は企業が独自に設定するが一般的には下記のような指標で細分化する（第4章参照）。

①デモグラフィック（人口統計的変数）

　デモグラフィックとは年齢・性別・家族構成・学歴・職歴・所得などの基本情報を基にしたセグメント指標である。

②ジオグラフィック（地理的変数）

　ジオグラフィックとは国・市町村・人口規模・人口密度・気候帯などの地理的要因に絡む情報を基にしたセグメント指標である。

③サイコグラフィック（心理的変数）

　サイコグラフィックとはライフスタイルやパーソナリティによる細分化変数である。文化志向，スポーツ志向，アウトドア志向など価値観・性格・購入動機などの個人の心理に基づく情報を使用したセグメント指標である。

図表5-1　セグメンテーション変数

	変数	セグメント
デモグラフィック 人口統計的変数	国，地方	対象国，47都道府県
	気候	季節，寒暖
	地域特性・立地	都市，地方，郊外，中心市街地
ジオグラフィック 地理的変数	年齢	10代，世代，シニア
	性別	男・女
	家族構成	独身，人数
	所得・職業・経歴	年収，職種，階層
サイコグラフィック 心理的変数	ライフスタイル	志向性（文化・スポーツ・アウトドア）
	パーソナリティ	外交的・内向的，革新的・保守的
ビヘイビアル 行動変数	ベネフィット	機能性，経済性，サービス
	ロイヤルティ	賛同・非賛同，関心・無関心

出所：筆者作成。

④ビヘイビアル（行動変数）

ビヘイビアルとはニーズが発生する状況や時期・買い物の頻度・買い換えのタイミング・使用用途・態度などの個人の行動に焦点を当てた情報を使用したセグメント指標である。

（2）ターゲティング（Targeting）

市場セグメントが特定できればその中でどの市場を対象にするかを決めることがターゲティングである。ターゲティングとは大きな市場の中にセグメンテーションされた市場を設定することでそこに的を絞ることである。

①無差別型マーケティング

セグメントされた市場間の違いを無視して同じ商品をすべての市場に供給する手法である。

②差別型マーケティング

複数のセグメントされた市場にそれぞれのニーズに合った商品やサービスを提供する手法である。

③集中型マーケティング

限られた市場に集中してマーケティングを実施する手法である。

（3）ポジショニング（Positioning）

メーカーは自社商品が他社商品と差別化をして標的市場の消費者のニーズに訴求することで市場シェアを獲得する。ポジショニングはセグメント内の競合商品やサービスをみて自社の立ち位置を決めて，ターゲティングの顧客に対して自社商品の特長や良さを伝えることである。重要なのは他社商品との違いを打ち出す自社商品の特長と顧客のニーズが適合することである。競合相手を見ながら比較して自社が勝負できるポジションを探すことである。

商品のポジショニングはどのような消費者をターゲットにして，どのような目的で，どのような方法を採用するのが良いかを明確にする。そして，メーカーは行動段階のマーケティング・ミックス（4Ps）につなげる。

2 マーケティング・ミックス（4Ps）

メーカーはSTPでマーケティング戦略を策定したら実行するためにマーケティング諸手段を決定する。マーケティング諸手段の組み合わせは**マーケティング・ミックス**と呼ばれる。マーケティング・ミックスは製品（Product），価格（Price），流通経路（Place），プロモーション（Promotion）の4Psに分類できる。4Ps はMcCarthy（1960）が提示した。

（1）製品（商品）

メーカーが生産する商品は常に変動する消費者ニーズに対して適応し続ける必要がある。企業に利益をもたらす存在としての商品は必ずしも物財である必要はなくサービス財でも良い。商品の要素には品質，デザイン，ブランド名，パッケージ，サイズ，サービス，保証，返品などがある（第1章参照）。

（2）価格

価格政策は新商品の価格を決めたり，既存商品の価格を変更したりする価格設定と，メーカーが決めた価格を消費者に届くまで統制するという価格管理がある。価格の要素には標準価格，値引き，支払期限，そして販売に応じて特別な条件を提示するアローワンスなどがある。

（3）流通経路

メーカーは商品に合ったチャネルの選定をしなければマーケティング活動は成功できない。メーカーは流通経路を検討するために流通段階へ積極的に関与した。メーカーは消費者に自社商品を届けるために消費者に直接流通させるか流通業者経由の間接流通にするかを決める。メーカーが間接流通を選択すると流通段階の仕組みをどのように管理するかのチャネル政策を検討する。メーカーが流通経路を管理するための多様な方法については第3節の流通政策で詳述する。

（4）プロモーション

　プロモーション政策はセールスマンによる人的販売活動とマスメディアなどの媒体を用いた広告宣伝がある。最近はプロモーションの代わりに「マーケティング・コミュニケーション」という用語が使用されることが多い。マーケティング・コミュニケーションは企業が自社商品について消費者に直接的，間接的に情報を発信して，説得し，想起させようとする手段である。マーケティング・コミュニケーションは消費者と対話して関係性を構築することである。

　企業が標的顧客に向けて4Psの組み合わせで販売を強化することをマーケティング・ミックスと言う。マーケティング・マネジメントは統制可能な諸手段を適切に組み合わせて消費者ニーズに創造的に適応することを目指すことである。

第3節　メーカーの流通政策

1 直接流通と間接流通

　メーカーはマーケティングの視点から自社商品を標的顧客に届けるための流通システムについて関心を払ってきた。生産者と消費者の間には流通業者が存在して多様な機能を果たしている。これらの流通業者が流通チャネルと呼ばれる**マーケティング・チャネル**を構成している。

　メーカーは消費者に向けて自社商品を販売するために直接流通と間接流通のどちらかを選択する。**直接流通**には無店舗販売と有店舗販売がある。メーカーが直接流通を選択してさらに小売店を直営すると製造から販売，アフターサービスまでを一元管理できる。一方で流通のためのコストとリスクなどの流通機能の多くを負担することになる。メーカーはECの発達によって無店舗販売で直接最終消費者に流通させることが低コストで可能な時代になった（第12章，第14章参照）。

　間接流通はメーカーが自社と資本の違う卸売業者や小売業者を経由して自社商品を最終消費者に届けることである。メーカーは流通に関するコストや

リスクを流通業者に転嫁することができるが，メーカーが期待する管理運営や消費者ニーズの把握などが困難になる。

2　チャネル政策の形態

①開放型チャネル政策

メーカーは自社商品が多くの卸売業者や小売業者に取り扱われることを目的として開放型チャネル政策を採用する。開放型チャネル政策は販売地域や他社商品の流通の制限などを行わない政策である。

②選択型チャネル政策

メーカーがマーケティング政策に基づいて卸売業者や小売業者を選別するのが選択型チャネル政策である。アフターサービスや専門知識などが必要な場合に採用される政策である。開放型と専売型の中間的な流通政策である。

③専売型チャネル政策

専売型チャネル政策は排他的なチャネル政策である。メーカーは卸売業者，小売業者に対して競合他社メーカーの取り扱いを制限するなどして強い統率力を発揮する。

3　チャネル政策の手段と課題

（1）チャネル政策の手段

メーカーの商品が戦略的に市場に届けられるためには適切な**チャネル政策**が実施されなければならない。メーカーは他の同業メーカーとの競争（水平的競争）と同時に垂直的な流通段階でのマーケティング・システム間の競争をしている。

メーカーがチャネルを主導して管理するためには影響力，すなわちチャネル・パワーが必要である。チャネル・パワーには報酬のパワー，制裁のパワー，専門性のパワー，正当性のパワー，一体性のパワーなどが必要である。報酬のパワーとは目標達成に協力した際の経済的対価のことである。経済的対価はリベートや販売店援助，独占的販売権の供与などの直接的かつ短期的に影響を与えるパワーである。制裁のパワーは指示に従わない場合ペナルテ

ィなどの不利益を与えることである。専門性のパワーは商品情報の提供など
である。正当性のパワーとは法律や契約に基づく権利のことである。一体性
のパワーとは構成員を引き付け共感させる取り組みのことである。ブランド
力や知名度の活用などである。

（2）チャネル政策の課題

　20世紀の寡占的消費財メーカーは卸売業者や小売業者よりも規模が大きく
資本力も強大であった。このため，メーカーはマーケティング・チャネルを
メーカー主導で**系列化**して強い影響力を発揮しようとした。メーカーが強い
立場から流通を支配しようとすると力を付けてきた流通業者と対立やコンフ
リクトを生じさせた。

　近年のメーカーは流通に対する支配力を失い，対立から協調の視点へと流
通システムを変化させている。たとえば，メーカーは流通業者と協働でPB
開発などに積極的に取り組んでいる。

4　系列化政策

　メーカーが自社の流通政策を川下まで浸透させるために自社商品を扱う卸
売業者や小売業者に支援策の提供と引き換えに自社との関係強化を求めるこ
とを系列化政策と呼ぶ。メーカーは系列化により価格管理や販売管理がしや
すくなる。系列化の種類には専売制，テリトリー制，店会制，一店一帳合制
などがある。系列化政策はメーカーがパワーを持っていた時代にはそれなり
に効果を発揮した。しかし，20世紀後半に市場への新規参入を阻む参入障壁
として外資から批判が出た。さらに，小売業の台頭や独占禁止法に抵触の問
題などがありメーカーはかつてのように有利な運用ができなくなっている。

（1）専売制

　専売制はメーカーが自社商品のみを扱う契約を流通業者と結び商品を提供
するが，その代わり他社の商品の取扱いは制限される。たとえば，食品流通
における卸売業者の特約店制度などが挙げられる。

（2）テリトリー制

　テリトリー制の代表例は自動車販売店である。メーカーが販売地域を設定してその地域での独占的な販売権を流通業者に付与するが，該当地域外での販売は制限される。

（3）店会制

　メーカーが流通業者を店会に加入させて組織化する方法である。かつては松下電器が中小電器店を組織化したナショナル店会が有名であった。

（4）一店一帳合制

　メーカーが小売店に対して自社商品の仕入先を1社の特定の卸売業者に限定する制度である。独占禁止法に抵触するケースがある。

5 リベート政策

　リベートはメーカーから卸売業者や小売業者に通常の取引とは別に一定期間の取引量や取引金額に応じて支払われる代金の割り戻しである。メーカーからの代金の割り戻しは流通チャネルを維持し支配力を強化するための手段である。リベートには商品の取引量に応じて支払う累進リベート，新商品を扱ってもらうために支払う導入リベートなどがある。

　リベートはメーカーが流通チャネルの統制や販売経路拡大のために支払う一種の報奨金である。メーカーが取引先の経営状況に応じて個別にリベート金額を調整し取引先の利益を補填するケースもある。リベートは不透明で複雑なことから事務処理の負担を増加させるため多くのメーカーは見直しを進めている。また，リベートは日本独特の取引慣行であるため海外からは非関税障壁として批判されてきた。米国にはリベートによく似た**アローワンス**がある。アローワンスは商品を販売してもらうためにメーカーが支払う協賛金である。リベートはメーカーが明確な基準を開示せずに取引先に応じて設定することが多く不透明性がある。これに対してアローワンスはどのような取引先に対しても共通の支払い基準でオープンに支払われる。

第4節　主要業界の流通システム

1 家電業界

（1）家電業界の現状

　家電業界は2008年秋のリーマンショック以降の景気後退と低価格競争など
の影響，新規事業への巨額投資の失敗などで多額の損失を抱えた。特に薄型
テレビを主力にしていたパナソニック（門真市），ソニー（港区），シャープ
（堺市）は深刻な業績不振となった。

　家電業界は大きく白物家電，AV機器に分かれる。白物家電は冷蔵庫，洗
濯機，エアコン，掃除機，炊飯器，電子レンジなどの日常生活に必要な商品
である。伝統的に日本メーカーが強い分野であったが，業績不振となり2016
年には台湾の鴻海精密工業がシャープを買収した。

（2）家電業界の流通システム

　家電の流通システムの主流はメーカー系列店のチャネル政策であった。メ
ーカーは家電商品をメーカーが支配する販売会社を経由して系列店へ流通し
た。20世紀の家電メーカー，たとえば当時の松下電器，東芝（港区），三菱
電機（千代田区）などは販売店を組織化，系列化して管理することで商品を
流通する政策を採用した。これが，マーケティング・マネジメントのPlace
（流通経路政策）である。

　日本型総合スーパーは家電を安く販売することで消費者の支持を得て急成
長した。日本型総合スーパーの販売価格が系列店よりも圧倒的に安いことか
ら系列店から苦情が噴出した。日本型総合スーパーの販売価格がきっかけで
メーカーと系列店との信頼関係が大きく揺らぐことになった。

　メーカーは日本型総合スーパーと販売価格を巡り衝突を繰り返した。消費
者は高度成長時代で豊かになり多様な商品の品揃えや他メーカー間との比較
など価格以外の便利性を求めるようになった。このような経緯で台頭して成

長したのが家電量販店である（第8章参照）。

（3）パナソニック（松下電器）の事例
①パナソニックの流通政策

　パナソニックの流通システムが20世紀の代表的なメーカーの流通政策の事例である。1957年に松下電器は現在の「パナソニックショップ（旧「ナショナルショップ」と「ナショナル店会」）」を発足させた。松下電器の系列店は1980年代後半の全盛期には2万7,000店舗もあった[2]。松下電器は価格決定権がメーカーにあると考えて大量流通をするためにメーカーが理想とする流通政策を考えて管理した。松下電器は系列店政策を推進してテレビなどのマス媒体の大量広告を活用して最終消費者に直接情報を届けた。このように松下電器の流通政策は前述したマーケティングの基本通り実施された。

②日本型総合スーパーとのコンフリクト

　松下電器はメーカーの力を背景に流通を管理することで日本を代表する企業に発展した。しかし，1960年代になると日本型総合スーパーとして台頭したダイエー（江東区）などと流通システムの支配権を巡りコンフリクトを繰り返した。当時，ダイエーは松下製の商品（現在のパナソニック）をメーカーが設定した価格の15％以上の割引で販売した。松下電器系列店は消費者がダイエーに移ることで販売不振に陥った。松下電器は系列店を守るためにダイエーの仕入れルートを調査して出荷を停止するなどの対抗策を講じた。この松下電器とダイエーのコンフリクトは独占禁止法対象案件として訴訟になった（第2章参照）。

③家電量販店の台頭

　消費者は豊かになると安さだけでなく自分のニーズに合う商品を比較しながら購買したいと考えるようになった。系列店は単一メーカーの商品しか扱っていないので，このような消費者ニーズを満たすことができなくなった。ヤマダ電機（高崎市）やヨドバシカメラ（新宿区）などの家電量販店はこの消費者ニーズに応えながら台頭した。家電量販店は中心市街地の便利な場所や大規模駐車場がある郊外に出店した。家電量販店は便利な立地，豊富な品

揃え，低価格の実現，接客販売などで消費者の支持を獲得して成長した（第8章参照）。

④現状の流通政策

　パナソニックは最盛時に現在のセブン-イレブンを超える系列店を管理していたが十分活用することができなかった。パナソニックは2018年に開催された創業100周年行事で「暮らしアップデート業」になることを宣言した。そこで，全国各地に約15,000店を展開する「パナソニックの店」を「あなたの街のでんきやさん」として位置付けた。パナソニックは系列店を生活に関することなら何でも対応して地域の暮らしを支える小売業として活用する方針に転換した。パナソニックは地域電器専門店，家電量販店，生活業態店など国内すべての流通チャネルそしてインターネットを核とした直接流通を実施する方針である。

2 自動車業界

（1）自動車業界の概要

　日本貿易振興機構（JETRO:港区）の調査によると2019年の世界の自動車販売台数は前年比4.5％減の9,136万台，生産台数は5.2％減の9,179万台となり販売，生産ともに金融危機の影響を受けた2009年以来の落ち込みであった[3]。2019年現在，国際的な自動車市場は中国が販売台数2,576万台，生産台数2,572万台，米国が販売台数1,748万台，生産台数1,088万台である。自動車業界は中国が最大の市場で続いて米国，欧州の順である。

　2019年の日本市場での自動車販売台数は前年比1.5％減の519万台，生産台数は0.5％減の968万台であった。販売台数はここ数年横ばいで推移しており1990年頃の約3分の2まで縮小している。車種別では所得の伸び悩みなどから比較的費用の安い軽自動車の販売が好調なことや高級車への需要が減少している。

　現在の自動車業界は100年に一度の大変革時代と言われている。最近はCASEと呼ばれるConnected Autonomous Shared Electric（コネクテッド，自動運転，シェアリング，電動化）が重視されている（第13章参照）。

（2）自動車業界の流通システム

　自動車の流通はメーカーが管理する閉鎖的なチャネルのディーラー・システムが中心である。ディーラーとは新車や中古車の小売業者（販売店）である。ディーラーの役割は契約している自動車メーカーの新車販売や中古車販売，そして定期点検や車検，修理対応などのアフターサービスである。ただし，中古車は特約メーカー以外の車も一緒に販売することが多い。

　日本ではメーカーがターゲットごとに開発した車種をメーカーが決めたディーラー経由で市場に流通してきた。ディーラーはメーカーの正規取引店となることでメーカーが決めた品質基準に対応できる整備施設やスタッフ，サービスに投資した。メーカーが流通チャネルを分ける目的は全車種を管理して修理やメンテナンスすることが困難なこと，販売する営業マンの知識には限界があること，展示車や試乗車を用意できないこと，姉妹車を違うターゲットに向けて投入できること，姉妹車同士で競合することで他社が参入できないことなどである。高度成長時代は多チャネル体制が効果的であったが，現在は見直しが進んでいる。

（3）トヨタの事例

①トヨタの流通システム

　トヨタ（豊田市）は「レクサス店」「トヨタ店」「トヨペット店」「カローラ店」「ネッツ店」の5種類の流通政策を実施している。これらの系列店はそれぞれのターゲットの客層に向けて違う車種を取り扱っている。

②これからの流通政策

　1990年代から自動車メーカーは市場構造の変化などでディーラー・システムを見直してきた。日産（厚木市）は2005年から，ホンダ（港区）は2006年からチャネルの棲み分けをなくして併売体制を取ってきた。そして，トヨタがディーラー・システムを見直すことを発表した[4]。トヨタは日本国内市場向け車種を2022年から2025年頃を目途に約30車種に絞り込む。そして，ディーラー・システムの再編に伴い事業内容の変更にも着手する。現在，自動車の流通システムは脱炭素化に向けた取り組みなど大きな外部環境の変化に直

面していることから今後の対応が注目される（第13章参照）。

3　化粧品業界

（1）化粧品業界の概要

　2019年における世界の化粧品市場規模は約46.5兆円，日本は約3.8兆円で，米国（約8.5兆円），中国（約6.2兆円）に次いで世界第3位である。日本製の化粧品は，高機能・高品質，安全・安心が海外でも高く評価され外国人観光客によるインバウンド需要が増大し出荷額は2019年に1.7兆円を超え過去最高を記録した。

　しかし，現在のコロナ禍でインバウンド需要は消失，さらに外出自粛や在宅勤務により国内需要も大きく減少した。中長期的には欧州での化粧品に対する環境規制の厳格化や持続可能な開発目標（SDGs）に対する対応が求められている（第13章参照）。それに加えて韓国や中国の化粧品メーカーの台頭により特にアジア市場におけるグローバルな競争が激化している。

　化粧品業界の成長は経済成長の指標である一人当たりの名目GDPと高い相関を有している。化粧品メーカーは日本の名目GDP成長率が低いことから成長率が高い海外市場での成長を目指している。

　化粧品の流通は複数のチャネルが存在する。2019年のチャネル別販売実績ではドラッグストア（36.6％），百貨店（12.6％），訪問販売（10.6％），公式通信販売（8.5％），化粧品店/薬局・薬店（7.9％），量販店（7.8％）となっている。近年は訪問販売，化粧品店/薬局・薬店，量販店の販売構成比が縮小する一方で百貨店や空港型免税店が売上を伸ばしてきた。2020年はコロナの影響で訪日外国人が激減する影響を受けるが終息すれば再び市場が活性化することが予測されている[5]。

（2）化粧品業界の流通システム

　これまでに化粧品メーカーは商品を大きく，制度品，一般品，無店舗販売，業務用に分けて流通経路別に市場投入している。

①制度品

　制度品の流通システムはメーカーが契約に基づいて直接または系列の販売会社，支社，支店，営業所などを通して小売店に商品を販売する。制度品の流通システムは維持するために多額の費用がかかるために資本力のあるメーカー以外の採用は困難である。

②一般品

　一般品の流通システムはメーカーが代理店，特約店と呼ばれる問屋に商品を販売する。特定の流通に対して販売するわけではないので開放型チャネル政策である。小売店はセルフ販売を基本的な販売方法にしている。

③無店舗販売

　無店舗販売の訪問販売は販売員が直接消費者のところに訪問して対面で販売する形態である（第12章参照）。訪問販売は女性の社会進出などで在宅率が低下した影響で伸び悩んでいる。通信販売は1980年代初期にファンケル（横浜市）やディーエイチシー（港区）がマスメディアを通した販売をスタートさせインターネットの普及で急成長した。

④業務用品

　業務用品の流通システムは概ね一般品と同じである。メーカーは理美容品やエステなどで使用される業務用化粧品をディーラーと呼ぶ代理店（卸売業）経由で流通させる。業務用品は一般消費者に対するブランドの知名度が重視されないため比較的中小メーカーが多く開放型チャネル政策を採用している。

第5節　おわりに

　本章は生産者（メーカー）の流通システムの理論やこれまでの流通政策について考察した。パナソニックやトヨタはマーケティング理論のPlace（流通経路）を用いて流通政策を実施してきたことを確認した。生産者の視点で流通システムを捉えることはPlace（流通政策）に焦点を当てて考察することであった。現在は新しい政治的，社会的課題としてエネルギー問題や環境問題がクローズアップされている（第13章参照）。外部環境の大きな変化の

中でパナソニックやトヨタは20世紀に確立した流通システムを自ら変化させ
ようとしていることがわかった。

考えてみよう―Review&Discussion―

1．日本型流通システムとはどのような仕組みであったのだろうか，
どんな時代背景でどのような目的で仕組みは構築されたのであろうか考
えてみよう。

2．なぜ，日本型総合スーパーとパナソニックはコンフリクトが生じたの
であろうか，その結果はどのようになったのであろうか考えてみよう。

3．トヨタはなぜ流通システムを変化させようとしているのであろうか考
えてみよう。

注

1）田村（2001）の「商業モード」の時代を指している。「商業モード」の取引を行
う中間業者を商業者と呼ぶ。商業者は「商業モード」の取引によって社会的品揃え
形成を目指す（p.67）。経済が工業化段階に入ると流通システムは「商業モード」だ
けでは作動しない。「商業モード」に加えて「マーケティング・モード」が出現し
た（p.236）。

2）『日本経済新聞』（電子版）（https://www.nikkei.com/article/DGXMZO28354600
Q8A320C1000000/?unlock＝1〔検索日：2021年3月22日〕）。

3）日本貿易振興機構（ジェトロ）海外調査部「主要国の自動車生産・販売動向」
（https://www.jetro.go.jp/ext_images/_Reports/01/f2067f867d465ba0/20200011.pdf
〔検索日：2021年3月22日〕）。

4）DAIAMOND ONLINE 2018年11月13日（https://diamond.jp/articles/-/185099〔検
索日：2021年3月22日〕）。

5）化粧品産業ビジョン検討会「化粧品産業ビジョン令和3年4月」（https://www.
meti.go.jp/press/2021/04/20210426004/20210426004-1.pdf〔検索日：2021年8月24
日〕）。

第 **6** 章

卸売業者の流通システム

【本章のねらい】

　本章は流通業（卸売業と小売業）の卸売業の視点から流通システムについて考察する。卸売業は生産業と小売業との中間で産業財取引を担っている（第1章参照）。卸売業は日本の伝統的な流通システムの中核として問屋の名称で存在価値を示してきた。しかし，1960年代頃からの流通革命論や問屋無用論などを背景に小売業が台頭するにつれて卸売業の役割や存在意義が問われるようになった[1]。当時の日本には日本型流通システムと呼ばれた取引慣行が存在した。1990年頃までの日本独自の閉鎖的な流通環境下ではこのような取引慣行や卸売業の存在が非近代的だと負のイメージで指摘された。

　卸売業は零細，中小小売業の弱体化から影響を受けた。近代化した小売業は卸売業に対する取引条件を厳しく設定して選定した。小売業は大規模化して独自の物流センターを設置するなど，伝統的に卸売業が果たした物流機能を取り込んでいった。大手消費財メーカーは大手小売業と直接商談することで卸売業の果たした商流機能も変化した。

　このように，卸売業は販売先の小売業によって自社の業績が大きく左右される。卸売業は生産業と小売業の間で流通システムの川上，川下産業から厳しく選別されるようになった。その結果，生産業や小売業からの要求に対応できない卸売業は自然淘汰され上位集中化が進展した。

　一方で，総合商社は専門商社や小売業に出資して生産者への原材料供給から最終消費者への販売までのサプライチェーンを管理しようとしている。

キーワード

産業財，リテール・サポート，サプライチェーン・マネジメント（SCM），卸小売販売額比率（W/R比率），取引総数最小化の原理，総合商社，専門商社，アパレルメーカー，アパレル卸

第1節　はじめに

　卸売業は流通システムで生産業と小売業の間で**産業財**の取引活動を担っている。卸売業は別称で問屋，商社とも呼ばれる。卸売業は生産業と小売業の中間に位置しているため生産者と消費者の最新の商品や流行などの情報が入手しやすい立場である。これまでに大手消費財メーカーは流通政策の中で卸売業を系列化した経緯がある（第5章参照）。

　本章は第2節で卸売業の機能と諸概念について，メーカーの流通政策の視点，リテール・サポート機能，サプライチェーン・マネジメント，そして卸売業の理論について学習する。第3節は卸売業の現状について概観する。第4節は総合商社，専門商社の事例を考察する。最後に，フレームワークの視点で卸売業の現状と課題について整理する。

第2節　卸売業の機能と諸概念

1　卸売業の機能

　卸売業は最終消費者以外の買い手を対象に再販売購入を行うことで需要と供給を調整し市場を形成する重要な役割を担っている[2)]。卸売業の機能は大きく商流機能，物流機能，情報流機能，資金流機能に分けられる（第1章参照）。

（1）商流機能（取引・販売機能）

　生産者（メーカー）から商品を調達して生産者に代わって販路を開拓して他の卸売業者や小売業者に販売する役割で卸売業の基本機能である。卸売業は小売業を通して市場情報，商品情報をつかむ機能が重視されている。

（2）物流機能

　卸売業がメーカーから大量に仕入れた商品を保管して包装加工，仕分けを

して小売業へと配送する機能である。組織小売業の多くは自社で物流センターを設置することが増えてきたので直接店舗へ配送することは減少した。その代わりに流通加工や鮮度管理などへの要請が高まっている。

（3）情報流機能

卸売業はメーカーにどんな商品がどれくらい売れているのかの情報を伝達してメーカーは新製品開発や生産調整につなげる。卸売業は小売業に対して売れ筋の商品や店舗経営のアドバイスなどを行うことでリテール・サポートの機能を果たす。

（4）資金流機能

卸売業は消費者が商品を購入する前の段階でメーカーに代金を支払う。メーカーは早期に資金を回収して次の生産のために投資できる。卸売業は小売業に対して月末締め翌月末払いなどで回転差資金を提供することで金融機能の役割を担っている。卸売業は商品を小売業に販売して資金を回収するまでの間，支払いのリスクを担保する働きがある。

2 メーカーの流通政策の視点

メーカーは自社商品を扱う卸売業者に対してさまざまな支援策の提供と引き換えに自社との関係強化を求める流通政策を実施した（第5章参照）。卸売業者はメーカーの流通政策の視点で以下の3つのタイプに分類できる。

（1）代理店

代理店はメーカーとの契約により一定地域の販売権を得て販売する卸売業者である。海外の自動車メーカーが日本国内に輸入代理店を置く例などがある。メーカーが販売網の敷かれていない市場に新規参入する場合や，自社で販売網を確立することが困難な場合に代理店制度を採用すると短期間で効率的に流通チャネルの構築が可能になる。

（2）特約店

　特約店はメーカーと特定の条件が付いた特約契約を結ぶことで販売活動を任せられた卸売業者である。特約があるためにメーカーの支配力は代理店よりも強化されるが，メーカーから多くの支援を受けられるメリットがある。特約店には一次特約店から取次ぎを受ける二次特約店などもある

（3）販売会社

　販売会社はメーカーが設立に参加して資本や人材を投入して組織化する特定のメーカーに専属する卸売業者である。メーカーは関与度が高いことから代理店や特約店よりも強いコントロールができる。化粧品，自動車，日用雑貨などの業界で販売会社制度が採用されている。

3　リテール・サポート機能

　リテール・サポートは卸売業やメーカーが小売業の経営や販売促進などを支援する活動を指す。卸売業が小売業を支援することで自社商品の販売拡大につなげることである。卸売業がリテール・サポートを実施して特定の小売業と密接な関係を構築することは自社にとって重要な戦略である。具体的なサポート内容はPOSシステムの提供やPOSデータ分析，棚割提案，マーチャンダイジング，売場レイアウト作り，財務や税務のアドバイスなど多様な情報提供や提案活動がある。

　卸売業が行う小売業支援活動にディーラー・ヘルプスがある。ディーラー・ヘルプスは自社商品の拡販や自社商品の取扱い説明や販売促進であることがリテール・サポートとの違いである。

4　サプライチェーン・マネジメント（SCM）

　サプライチェーンは供給業者から原材料や部品を調達して完成品を製造してさらにそれを消費者に流通させる活動の連鎖のことである。**サプライチェーン・マネジメント（SCM）**はそれらを計画，調整，統制する管理手法のことである。SCMの目的は消費者のニーズに合わせた商品を提供することと，

流通チャネル全体の在庫削減を両立させて顧客満足度向上とキャッシュ・フローの増大を同時に達成することである。

　SCMは1980年代に提示された概念で米国のアパレル業界や食品業界で採用され浸透した。SCMが進展した背景は消費者ニーズの多様化と競争のグローバル化，キャッシュ・フロー経営の重視，情報技術の進展などである。

　最近では，小売業が原材料の調達から最終商品の販売までコントロールする事例が増えているが，企業と企業の取引に関係する視点からは卸売業の機能である。SCMは流通チャネル全体を通しての原材料，仕掛品，製品といった物資の移動と在庫管理や市場情報などの交換が含まれる。ロジスティクスは単一企業の立場でSCMの一部を対象にしている[3]。

5 卸売業の理論[4]

（1）卸小売販売額比率（W/R比率：Wholesale/Retail sales ratio）

　卸小売販売額比率とは卸販売額と小売販売額の比率である。**卸小売販売額比率（W/R比率）**は卸売業の零細性や多段階性を表す指標として用いられる。卸売業の間での取引回数が多くなるほど小売業の総販売額に比べて卸売業の総販売額が多くなる。図表6-1において日本は他の3ヵ国に比べて3から4倍程度多段階の流通システムであることがわかる。このことは日本の流通システムが必要以上に多段階的であり非効率的であると厳しく非難された原因になっている。

　しかし，本書で概観するように環境の変化で流通システムが近代化されるにつれて卸売業，小売業が大型化，効率化されてきた。

（2）取引総数最小化の原理

　生産者が卸売業者を介在させなくて直接小売業者と取引を行う場合はそれぞれの小売業者に対して少量で多数の配送業務を担う必要がある。それに加えて受発注，商品の照合，伝票起票，荷造りや代金回収等のオペレーションが発生する。この場合，間に卸売業者を介在させれば卸売業者は取引数を集約することができる。これが**取引総数最小化の原理**である（図表6-2）。

図表6-1　4ヵ国のW/R比率

	日本	米国	英国	仏国
1982年	4.24	1.09	1.16	1.16
1990年	4.07	0.93	1.11	1.2

出所：日本流通学会（2006, p.126）。

図表6-2　取引総数最小化の原理

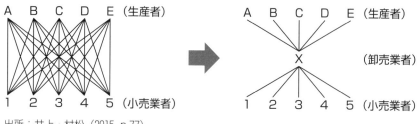

出所：井上・村松（2015, p.77）。

（3）不確実性プールの原理

　不確実性プールの原理は卸売業者が流通に介在することによって市場の総在庫数が減少するという原理である。安全在庫を各小売業が分散して確保するために最低限必要な在庫数量の合計よりも卸売業者が代わりに在庫することによって商品在庫への資金投資が全体として減少できることが説明されている。この原理は社会的なリスクを減少させる役割として卸売業の存在を肯定的に説明するときに用いられる。

（4）情報縮約・整合の原理

　卸売業者を含む商業者は多くの生産者の情報や商品見本を扱っている。商業者が介在することでこれらの生産部門と消費部門の質的，量的な情報を整合することで取引を効率化させることができる。一般的に取引は取引相手の探索，取引条件の交渉，取引契約の履行の三段階のプロセスである。生産者と消費者の取引への商業者の介在は直接取引よりも取引費用が低くなる（田村 2001, pp.80-84）。

（5）分化と統合

　流通システムは小さな変化を経済的な単位としてまとめて消費者に届ける機能である。生産者は規模の経済性を発揮して効率化を目指す。規模の経済性とは事業規模が大きくなればなるほど，単位当たりのコストが小さくなり競争上有利になる効果のことである。卸売業者が小売業者と生産者の間に入ることで生産者の取引数を減少させて統合する。生産者は卸売業者を活用して取引数量の増加を行い取引費用を低減させようと努める。消費者は小規模であり分散して存在する。小売業はそれを一定の経済的な単位にまとめる統合の機能を担う。生産者は大きな単位の商品を細分化して効率的に消費者へ届けるために流通段階で分化することになる。

第3節　卸売業の現状

1　変化する卸売業

　卸売業は流通環境に対応しながら変化してきた。歴史的には生産と消費の側に小規模性，分散性，個別性の特質が存在する場合は収集，中継，分散を行うための活動が求められ，卸売業の機能が自立し卸売業の段階が分化する。

　農業を中心とした時代は，卸売業が零細かつ分散している農家から商品を集めて市場に運び，商品を市場に分散している消費者に届ける役割を担った。家族労働中心の手工業の時代は，卸売業者が原材料の供給から商品の輸送，販売，資金の供給，危険負担までを担った。生鮮食品を扱う卸売市場は国の管理のもとで収集，中継，分散機能を果たして現在に至っている（第9章参照）。

　20世紀の半ば以降，消費財メーカーと小売業が成長する中で，メーカーは流通の系列化を進めた。小売業は卸売業が担ってきた物流機能やメーカーとの商談機能を自ら実施するようになってきた。組織小売業は自社専用センターを設置して卸の物流機能を代行する専門業者に卸売業の物流機能を委託するようになった[5]。

　小売業が品揃えを総合化，物流を全国に広域化する中で限定的な範囲の機

能しか持たない専門卸や地方卸が自然淘汰された。さらに，インターネットの普及によって，メーカーは小売機能へ進出して消費者への直接流通を積極的に展開している。メーカーが流通機能を持つことで卸売業を通さない取引が増加した。

　外資系メーカーやイオングループ（千葉市）などは卸売業を介さない取引を強く志向している。しかし，生鮮食品，一般食品，薬品，日用品などに代表される多くの消費財は現在においても卸売業経由の取引が主流である。その理由は，日本の消費財は商品数が膨大なうえに，小売業の寡占化が欧米ほど進んでいないことや，消費者のニーズが多様化していることで卸売業の幅広くきめ細かい調達・供給機能が必要だからである。

2　商社[6]

（1）商社の概要

　商社は文字通り「商いを行う会社」を指す用語である。商社の起源は江戸時代末期に坂本龍馬が勝海舟とともに設立した海運会社の「亀山社中」と言われ，外国との取引に従事する貿易商社として設立された民間の会社である。

　現代の商社はミネラルウォーターから通信衛星まで幅広い商品の輸出入を担当する広義の卸売業者である。商社はグローバルな活動で情報を利用して開発，生産から輸送，消費者への販売まで行っている。さらに，金融や保険なども取り扱い流通の川上から川下まで幅広く関わっている。商社は外国で原油や天然ガス，鉄鉱石などの資源開発や発電所の建設・運営などの大きなプロジェクトも手掛けている。商社は世界中に拠点を持ち多数の商品を幅広く取り扱う卸売業である。

　戦後の復興期において商社は消費者の生活を充足するための繊維や食品などの軽工業を中心に活動した。その後，商社は高度経済成長期に重工業の発展に伴い鉄鋼，造船，重機械，輸送機械，電機，化学などの分野まで活動を広げた。

　商社は広義の卸売業に分類され幅広い商品・サービスを取り扱う総合商社と特定の分野に特化した専門商社に区分される。

（2）商社の機能

①商取引機能：グローバルな需給格差や情報格差を生かしたモノやサービスの売買である商取引を推進する商社のコア機能である。

②情報・調査機能：グローバルなネットワークを通じて世界各地の政治経済情報，産業・企業情報，先端技術情報，市場・マーケティング情報，地域情報，法律・税務情報など広範多岐にわたる情報を収集・分析し経営戦略の立案や事業計画の策定，日々のビジネス活動などに活用している。

③市場開拓機能：グローバルなネットワークを通じて世界市場の情報収集・分析を行い需要と供給をマッチングさせることによりグローバルな市場開拓を進める機能である。

④事業開発・経営機能：商社の機能をフルに活用してニーズを満たすための新たな商品・サービス開発と事業化を支援育成する。さまざまな分野の事業経験を活用して川上から川下までのバリューチェーン再構築，既存バリューチェーンの他分野への適用など産業の変革を支援する。

⑤リスクマネジメント機能：商社は蓄積したノウハウや豊富な経営資源を活用してビジネス推進上のさまざまなリスクを極小化する。

⑥ロジスティクス機能：商社は最適な物流手段を提供する。最近は自ら物流事業に関わりITを活用した効率的な物流情報システムの構築や倉庫・流通センターなどの物流施設の運営に取り組んでいる。

⑦金融機能：商社独自の金融機能として取引先に対する立替与信，債務保証，融資などを提供している。

⑧オーガナイザー機能：商社はプラント商談や資源開発など大型プロジェクトの推進に際して商社の持つ各種機能を有機的に組み合わせてプロジェクトを牽引している。

（3）総合商社

　総合商社は貿易立国の要として原料や素材の調達から加工製造，流通，販売まで幅広い商いを担って発展した。総合商社は身近な食料品から産業の根幹をなす石油や天然ガスなどの資源，さらには金融から宇宙開発まであらゆ

る事業を手掛けている。総合商社がこれまでメインにしてきた仲立ち事業やトレーディング事業が減少して金融や投資事業の割合が増えている。金融では貿易金融と言われる代金決済やファイナンスなどを行っている。投資の対象は鉱物，エネルギー資源を中心に不動産，物流，環境，インフラ，メディア，医療など多様である。

　総合商社の強みは世界各国に構築してきた情報網や人脈である。総合商社はそれぞれの強みを磨きながら水ビジネス，グリーン・エネルギー発電事業（太陽光発電，風力発電，地熱発電他），資源ビジネス，食料事業，インフラ事業などを展開している。

　総合商社は日本特有の会社で現在は三菱商事（千代田区）・三井物産（千代田区）・住友商事（千代田区），伊藤忠商事（港区），丸紅（千代田区）の五大商社と豊田通商（2006年にトーメンを吸収：名古屋市），双日（2004年に日商岩井とニチメンが合併：千代田区）を加えた7社を指すことが多い。

（4）専門商社

　総合商社と専門商社の違いは扱い品目の違いである。扱い品目が特定の専門分野に偏っているのが専門商社である。**専門商社**は特定の分野に特化して人脈や専門知識を蓄積している。たとえば，人脈面では川上の生産者（サプライヤー）と川下の小売業者（顧客企業）の両方に豊富な人脈がある。専門商社は顧客との関係が密で小回りが利くことで総合商社よりも利点がある。専門商社は総合商社に比べて特定の商材に特化し，独自の歴史やノウハウを持っている。

　専門商社は①総合商社系専門商社，②メーカー系専門商社，③独立系専門商社に分類できる。

①総合商社系専門商社

　総合商社系専門商社は総合商社の子会社として総合商社では取り扱わない商品や専門性の高い機能を果たしている。

②メーカー系専門商社

　メーカー系専門商社は特定のメーカーとの強い関係を背景にした商品を販

売することが役割である。

③独立系専門会社

　独立系専門会社は単独で事業を実施している。独自の歴史や強みを持つ事業を行っている。

第4節　卸売業の事例

1　総合商社の事例

（1）伊藤忠商事

　日本の3大商人は大阪商人，伊勢商人，そして近江商人である。近江商人は現在の滋賀県の地の利を生かして江戸から明治時代に活躍した。当時の江戸や京都，大坂に拠点を構え，地方に支店を張り巡らせる広域商売を手掛けた。江戸時代の商人の活動は各地の産品を仕入れて，消費市場の東京（江戸）や京都で販売することであった。大阪（大坂）は商品の輸送や保管機能などを持つ集積地であった。商人は原材料や資金提供をして生産した日用品などの地場工芸品を仕入れて販売した。今の商社，流通業の製造販売そして金融機能の原型がそこにある。

　伊藤忠商事は近江商人の流れである。近江商人が商家の家訓として掲げた三方よしの精神は「売り手よし」「買い手よし」「世間よし」の三つの「よし」である。三方よしの精神は売り手と買い手がともに満足し，さらに社会貢献もできるのがよい商売だということである。今日の経営で重視されるCSR（企業の社会的責任）やSDGsの原点である（第13章参照）。

　伊藤忠商事は1858年に伊藤忠兵衛が始めた麻布（まふ）類の卸売業が前身である。1872年に大阪市本町の船場に紅忠（べんちゅう）を創立した[7]。伊藤忠商事は多数の紡織会社を傘下に持つ繊維財閥であったため繊維部門の売上が群を抜いている。現在，伊藤忠商事は祖業の繊維の他に，食料や生活資材，情報通信分野等も強い。伊藤忠商事傘下の食品専門商社である日本アクセスは低温物流に卓越した力を持っている（第14章参照）。

　伊藤忠商事は日本を含むアジアにおける食品事業のリーディングカンパニーを目指している。そのために原料から製品，そして中間流通の卸売業，小売業までの生産・流通・販売の垂直統合を推進している。

（2）三菱商事

　三菱グループの源流は坂本龍馬の海援隊である[8]。三菱商事は戦後の財閥解体を乗り越えて1954年に新発足した。現在，三菱商事グループは世界約90の国・地域に広がる拠点と約1,700社の連結事業会社と130を超えるビジネスユニットを持ってグローバルに全産業にアクセスする「全産業を俯瞰する総合力」を有している[9]。

　三菱商事の「中期経営計画2021」はサービス分野と川下領域を強化することにより安定性の高い現在の事業ポートフォリオをさらなる成長ステージに引き上げると提示している[10]。現在は天然ガス，総合素材，石油・化学，金属資源，産業インフラ，自動車・モビリティ，食品産業，コンシューマー産業，電力ソリューション，複合都市開発の10グループ体制である。10グループはそれぞれ幅広い産業を事業領域としており，伝統的な貿易だけでなくパートナー企業とともに世界中の現場で開発や生産・製造などの役割も担っている。

　総合商社は海外で油田やガス田，鉱山などの開発に巨額投資して権益を獲得して事業を展開する。資源価格は景気変動に大きな影響を受けることから業績が不安定である。日本は資源が乏しいために今後も資源を輸入する必要がある。さらに，三菱商事は海外で電気や水道などのライフラインを整備するインフラ事業にも積極的に取り組んでいる。

　総合商社の中で，非資源ビジネスに強みを持つ伊藤忠商事と資源やインフラ事業に強みを持つ三菱商事は対照的な事例である。

2　専門商社の事例

（1）衣料品の専門商社（衣料品卸）

①現状

　衣料品は一般的に**アパレルメーカー**（生産者）が商品の企画やデザインな

図表6-3　服ができるまでの基本的な流れ

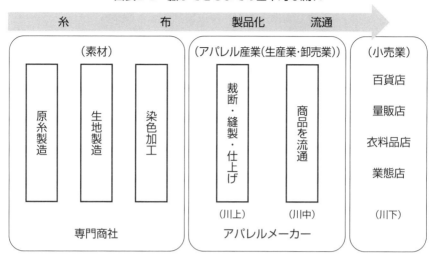

出所：筆者作成。

どを担当して商品に必要な素材を専門商社などから調達する。繊維の専門商社は原糸メーカーが生産した糸を染色する企業，糸を生地にする生地製造などから必要な素材を調達してアパレルメーカーに供給する。アパレルメーカーは生地を縫製して最終商品に仕上げる。商品は百貨店や衣料品店などの小売業が販売する流通システムが一般である。

　アパレルメーカーは企画した商品の素材を仕入れて縫製して製品化する。そして，アパレルメーカーは商品を小売業経由で消費者に届ける。アパレル産業は衣料品の商品企画から生産（川上），卸売（川中）の機能を担っている。川下の小売業はアパレル産業が生産した衣料品を消費者に届ける。アパレル産業は百貨店向けの総合アパレル，イオン（千葉市）やイトーヨーカ堂（千代田区）などの量販店向け卸，衣料品店向けのアパレル卸がある。また，アパレルメーカーが直営の小売業を営む事例もある（図表6-3）。

②繊維専門商社

　繊維の専門商社は衣料品繊維の流通を担当している。繊維素材は天然繊維や化学繊維など幅広く専門分野に分かれている。繊維の用途は羊毛などの衣

料品向け，炭素繊維は自動車のボディの加工用など幅広い。販売先は素材と用途別にアパレル業界，自動車業界，医療製品業界など多岐にわたっている。

　繊維の専門商社は，東レインターナショナル（中央区），ワールド（神戸市），蝶理（大阪市）などである。

③総合アパレル

　総合アパレルは日本の高度成長時代に百貨店向けに納品することで急成長した。総合アパレルは海外デザイナーと契約したライセンスブランドや自社で開発したオリジナルブランドを販売した。代表的な企業はワールド，オンワードHD（中央区），三陽商会（新宿区）などである。

④アパレル卸

　アパレル卸は自らの小売店を持たずに中小規模の品揃え型専門店に商品を販売している。1990年代以降の景気低迷の影響などで衣料品専門店の経営が不振となりアパレル卸は大きな打撃を受けている。アパレル卸と小売業の取引形態には買い取りと委託がある。小売業の仕入れ担当者が自らのリスクで買い付けるのが買い取りである。委託は残品が出た場合アパレル卸が引き取る契約である。アパレル卸が直営店を運営する形態もある。

⑤現状の課題

　衣料品の流通システムは複数の企業が分業して関わる仕組みが中心であった。近年，商品の企画から素材調達，製造，販売までを自社で手掛ける「SPA」方式の小売業が成長している。SPA（Specialty store retailer of Private label Apparel）は自社で製造から販売まで担当することで低価格で独自性のある商品を市場に投入できる仕組みである。ファスト・ファッションはSPA方式で流行をすばやく取り入れながら低価格で販売することで若者から高い支持を得ている。ユニクロは素材メーカーと協働して機能性に優れた高付加価値商品の開発に成功している。一方で，百貨店を中心に事業を展開してきた総合アパレルは大苦戦中である。

（2）食品の専門商社（食品卸）

　食品専門商社の食品卸売業は日本独特の機能を磨いて事業を展開している。

欧米の流通システムは早くから小売業の寡占化が進展した関係で食品の卸売業の介在はなく，生産者は直接小売業と取引していることが多い。日本は地域での食の嗜好が大きく異なるために地域密着型の中小小売業が多く存在している。食品卸売業は中小小売業との商談や物流機能を一手に担い活動した。しかし，中小小売業の衰退に伴い大手卸売業への集約が進んでいる。

　近年，食品の流通システムは総合商社の影響を強く受けている[11]。三菱商事は三菱食品（文京区）に62％，水産卸業者のマルイチ産商（長野市）に20.9％，小売業のローソン（品川区）に50.1％，スーパーマーケットのライフコーポレーション（台東区）に23.6％出資している。伊藤忠商事は食品卸売業の日本アクセス（品川区）に100％，伊藤忠食品（大阪市）に52.3％出資している。さらに，菓子卸売業のドルチェ（品川区）やコンフェックス（渋谷区）を傘下に持っている。これまでに，伊藤忠商事は小売業のユニー（稲沢市），ドン・キホーテ（目黒区），ファミリーマート（港区）の再編成を進めた。

第5節　おわりに

　本章は流通システムの川中産業で産業財取引を担う卸売業について考察した。卸売業は流通システムの中で重要な役割を担っていることが確認できた。卸売業の総合商社は国際的な活動により資源が乏しい日本産業のインフラ機能を担っている。専門商社は特定分野できめ細かいビジネスを展開して総合商社ではできない事業を展開していた。

　一方で，力を付けた小売業は事業分野を卸売業の範囲まで拡張している。メーカーは卸売業を飛び越えて小売業と直接取引を構築しようとしている。このように卸売業は川上と川下の変化の中で大きな対応を迫られている。卸売業は流通環境の変化に適応するためにサプライチェーン・マネジメントを通した独自能力を磨いて流通システムの中で存在感を示すことが重要である[12]。

考えてみよう―Review&Discussion―

1. 総合商社の仕事について整理してみよう。

2. 卸売業が果たす役割と存在意義について考えてみよう。

3. アパレルメーカーはなぜ不振に陥っているのであろうか。その一方で SPA方式やファスト・ファッションが好調なのはなぜなのか考えてみよう。

注

1) 林（1962）は流通革命として大規模小売業と大規模メーカーが直結する構図を描いて問屋無用論を提示した。小売業が大型化すれば，卸が持つ物流機能などを小売側が内包し，生産と小売間の直接取引が主流になると予想した。

2) 日本流通学会編（2006, pp.102-103）を参照した。

3) 井上・村松（2015, pp.95-98）を参照した。

4) 井上・村松（2015, pp.76-78）を参照した。

5) サードパーティー・ロジスティクスと呼ばれる。メーカーがファーストパーティー，流通業者がセカンドパーティー，そして物流業者がサードパーティーとなる。

6) 一般社団法人日本貿易会（JFTC）（https://www.jftc.or.jp/〔検索日2021年3月28日〕）。

7) 伊藤忠商事（https://www.itochu.co.jp/ja/about/history/index.html〔検索日2021年4月26日〕）。

8) 三菱グループ（https://www.mitsubishi.com/ja/profile/history/series/yataro/07/〔検索日2021年4月26日〕）。

9) 三菱商事会社案内（https://www.mitsubishicorp.com/jp/ja/about/cguide/pdf/01.pdf〔検索日2021年4月26日〕）。

10) 三菱商事中期経営計画2021（CORPORATE BROCHURE 2020）（https://www.mitsubishicorp.com/jp/ja/pr/archive/2018/files/0000036011_file1.pdf〔検索日2021年4月26日〕）。

11) 『激流』2020年8月号，p.58。

12) サプライチェーンは情報ネットワークによる構成員間での情報共有と参加者相互の対話による参加者全員の利益が基礎になっている。田村（2001, pp.311-313）はこのような取引を「ネットワーク・モード」と呼んでいる。

第 7 章

小売業者の流通システム

【本章のねらい】

　本章は流通業の小売業の視点から流通システムについて考察する。小売業は最終消費者に商品を届ける役割がある。小売業の基本的な機能は，品揃え（アソートメント），マーチャンダイジングである。小売業が生産者の立場で流通する商品を中心に品揃えしたのが業種店である。これに対して業態店は消費者の立場で品揃えや提供方法を考察している。

　マーケティング研究で小売業の視点で考察したのが小売マーケティングである。小売業はマーケティング・ミックスの4Psでは十分でないので独自の要素を追加して小売ミックスを編成した。小売業がどのような顧客に対してどのような小売ミックスで販売するのかを中心に開発したのが業態店である。今日，一般的な呼称として定着した百貨店，スーパー，コンビニエンスストア，ホームセンターやドラッグストアなどが業態である。

　小売業が業態開発をするために品揃えを強化する手法がラインロビングである。小売業が多店舗を経営する運営システムにチェーンストア理論がある。チェーンストアが圧倒的な販売力を背景に生産まで関与して商品開発することをバーティカル・マーチャンダイジングと呼ぶ。

　小売業は消費者と直接接点を持つことから流通システムの構成員の中で大きな力を持つようになってきた。生産業，卸売業そして小売業がそれぞれ個別に活動しながら従来の活動の範囲を越えて流通システムを形成している。

キーワード

品揃え（アソートメント），マーチャンダイジング，ストアオペレーション，インストアマーチャンダイジング，小売マーケティング，小売ミックス，業種店，業態店，チェーンストア理論，ラインロビング，PB，バーティカル・マーチャンダイジング

第 1 節　はじめに

　小売業は生産業が商品を消費者まで届ける流通システムの最終段階に位置する川下産業である。したがって，小売業は直接，最終消費者に商品（消費財）を販売する役割を担っている。小売業は生産業に代わって消費者への販売代理や，消費者に代わって購買代理をしている。

　本章は第 2 節で小売業の役割と理論について学習する。小売業の重要な機能は消費者の購買代理として必要な商品を品揃えすることと，マーチャンダイジングである。続いて，小売業の小売マーケティングや代表的な理論について学習する。小売マーケティングは製造業のマーケティングを小売業向けに開発した理論である。第 3 節は小売業の流通システムで重要な業態，第 4 節は多店舗を運営するためのチェーンストア理論について学習する。最後に，本章で学習する業態化や小売業が果たす役割がこれからの流通システムで重要な視点になることを提示する。

第 2 節　小売業の役割と理論

1　小売業の役割と機能

（1）小売業の役割
①生産と消費の架け橋

　小売業は消費者が持つ情報を把握することができ，収集した情報を流通システムの川上に届ける役割がある。さらに，小売業は流通在庫を的確に調整する機能を果たすことで機会損失や過剰在庫リスクを防ぐ機能を果たしている。

②消費者に対する役割

　消費者は小売業が存在しなければ生産業の情報を収集して商品を購入することになる。消費者は商品の購入に多くの労力，時間そしてコストをかけることになる。小売業がそれらの機能を消費者の代わりに担うことからコスト

や心理的な負担が減少される。

③地域社会に対する役割

　小売業は店舗の売場を通して顧客接点を持っている。リアルの小売業は実店舗に地域住民の必要な商品を品揃えして販売する地域密着型の産業である。リアルの小売業は地域住民に買い物の利便性を提供するだけでなく，雇用機会，情報や交流の場の提供，各種イベントの開催などの地域貢献が求められている。

（2）小売業の機能

①品揃え（アソートメント）

　消費者は自分が必要な商品を便利に経済的に購入したいと考える。小売業はこのような合理的な消費者行動に適応するために商品を仕入れて品揃えする役割がある。小売業が意識的に形成した商品の集合を**品揃え（アソートメント）** と呼ぶ。小売業は多様なメーカーの類似商品，色やサイズ違いの商品を並べて比較購買の提案をして，その中から消費者は選択することになる。

②マーチャンダイジング（商品計画・商品化政策）

　小売業の商品に関する計画が**マーチャンダイジング（merchandising）** である。マーチャンダイジングは5つの適正として「適正な商品を，適正な場所で，適正な時期に，適正な数量を，適正な価格」でマーケティングすることに関する諸計画である。マーチャンダイジングの定義は全米マーケティング協会（AMA）によって時代とともに改定されている。マーチャンダイジングの対象は小売業だけでなくメーカーにも適用され小売業とメーカーが共同して消費者の観点で行う活動である[1]。

　カテゴリー別の商品計画では品揃えの幅（品種）と深さ（品目）に注目する。品揃えの幅を意味する品種構成とは商品のカテゴリーをどこまで拡大するのか（水平化）という意味である。家電店で言えば冷蔵庫，洗濯機，テレビのカテゴリーまでを扱っているが違う品種のパソコンまで取り扱うかどうかということである。

　品目構成とは品種ごとの品目数（アイテム）をどこまで増やすか（垂直化）という意味である。テレビではメーカーや価格帯などをどこまで増やすかということである。商品分類は一般的に大分類，中分類，小分類，最終的に

SKU（Stock Keeping Unit：単品）に細分化される。

　商品構成とは品目と陳列量の組み合わせのことで品揃えと同義語である。小売業は無数の商品の中から顧客に必要かつ自社にとって有利な品目と数量を決定する。

（3）ストアオペレーション

　ストアオペレーションは小売業が売場で商品を消費者に届けるための補充発注，陳列，精算などの仕事の流れである。小売業の仕入活動は消費者の購買のために実施される。補充発注を効率的に実施する方法がEOS（Electric Ordering System：電子受発注システム）である。EOSは発注端末を操作することで自動的に発注できる仕組みである。

　店舗は納品された商品を売場に陳列する。店舗の顧客が求めている商品を見やすい場所に効果的に並べることをディスプレイと呼ぶ。来店客は売場で必要な商品を集めてPOS（Point of Sales）レジで精算する。

（4）インストアマーチャンダイジング

　インストアマーチャンダイジングは小売業の顧客に向けたリアル店舗内での活動である。小売業はアウトストアプロモーションで顧客を店舗に呼び込む。アウトストアプロモーションは店舗外の顧客に向けた広告，パブリシティ，セールスプロモーションなどである。小売業は来店した顧客に対してインストアプロモーションとスペースマネジメントを行い，売上高アップを目指す。

①インストアプロモーション

　インストアプロモーションはリアル店舗内での特売，POP（Point of Purchase：購買時点）広告，実演販売などの販売促進のことである。インストアプロモーションは価格主導型と非価格主導型に分かれる。価格主導型は価格を操作する値引きや特売のことである。非価格主導型はPOP広告や実演販売などである。最近はディスプレイで動画を使用し商品の魅力を紹介するデジタルサイネージを活用する事例が増えている。非価格主導型はサービスや商品を顧客の五感（視覚，聴覚，触覚，味覚，嗅覚）に訴えることや

実際に体験してもらうことで商品の理解や自社と関係性が深まる効果がある。

　コーディネート陳列は複数の異なる商品を組み合わせて全体を調和させる方法で関連商品を提案する。売場で視覚に訴える手法にビジュアルマーチャンダイジングがある。

②スペースマネジメント

　スペースマネジメントは店舗内のどこにどの商品を配置するか，顧客をどのように誘導するかなどの動線を考える手法である。スペースマネジメントはフロアマネジメントとシェルフマネジメントの2つの手法に分かれる。フロアマネジメントは顧客の動線を意識して商品陳列をする方法である。シェルフマネジメントは商品を棚のどの場所に配置するかを決めることである。

　現在はECサイトで顧客が簡単に商品の比較ができる。小売業はリアル店舗だからできることに力を入れて購買意欲を刺激するインストアマーチャンダイジングが求められている（第15章参照）。

2　小売業の理論

（1）小売マーケティング

　マーケティングは製造業を中心に発展したが小売業やサービス業にも適用された（第5章参照）。小売業は流通システムの中で直接顧客と接して消費財を提供する役割を担っている。**小売マーケティング**の役割は商品を売場に品揃えして消費者が便利で買いやすい環境を整えることである。

　小売マーケティングは製造業の4Psに対応して**小売ミックス**で表されている（図表7-1）。小売業は広義のサービス業に含まれる。Kotler他（2002）はサービス・マーケティングの研究でPeople（従業員の教育や顧客管理など），Process（プロセス，提供方法），Physical evidence（物理的環境，空間）を加えて7Psとして提示している。

① Product

　Productは品揃え（アソートメント）と商品化政策（マーチャンダイジング），品質，ブランド，PB開発，サービスなどである。小売業はメーカーが生産した商品を自社の対象顧客に合わせてどのような品種の売場構成にする

図表7-1　小売ミックス

4Ps	項目
Product	品揃え（アソートメント），商品化政策（マーチャンダイジング），品質，ブランド，PB開発，サービス
Price	価格設定，マークダウン，割引，ロス・リーダー，エブリデイ・ロープライス（EDLP），価格変更
Place	立地，店舗，売場，仕入先，販売先，実店舗と無店舗（EC）
Promotion	マスメディア，SNSでの情報発信，デジタル・マーケティング，インストアプロモーション

出所：筆者作成。

か，そして品目と陳列量の商品構成にするかが重要である。

② Price

　小売業が流通システムで最後の需給調整をするために価格を決める機能である。したがって，小売業は競争店，季節，地域，時期や時間帯などによって価格を変動させながら機能を果たしている。価格設定，マークダウン（値引き），割引，ロス・リーダー，エブリデイ・ロープライス（EDLP），価格変更などが重要な視点である。ロス・リーダーとは集客を目的として極めて安い採算を度外視した価格を設定することである。エブリデイ・ロープライスとは特売期間を設けず年間を通して同じ低価格で販売する価格戦略である。

③ Place

　Placeは小売業の立地，店舗，売場，そして仕入先，販売先などである。小売業の重要な機能は最終消費者に商品を流通させるためにどのような場所でどのように販売するかである。最近は，小売業が実店舗と無店舗（EC）をどのように使い分けて投資するのかが重要な経営課題である（第12章参照）。

④ Promotion

　Promotionはマスメディアに加えてSNSでの情報発信やカード会員へ向けたデジタル・マーケティングなど多岐にわたっている。インストアプロモーションは店内で実施する販売促進である。インストアプロモーションには商品構成，接客サービス，ディスプレイ，各種イベントなどがある。近年は売場での映像の放映やSNSなどのIT技術を用いた多様な方法が採用されている。実店

舗の小売業は売場で顧客の五感に訴えるインストアプロモーションができるかどうかが重要になる。無店舗の場合は画面設計に独自の工夫が求められる。

（2）小売業の主要理論[2]

①小売の輪の理論

　小売の輪の理論はMcNair（1958）が提唱した理論仮説である。新しい革新的な業態は低コスト，低マージンで価格訴求型小売業として登場し既存の業態に対して優位的な地位を築く。しかし，その後は革新的な業態同士が激しい価格競争をすることになるので，脱却を目指して差異化をするために，サービス品質の向上，店舗施設のグレードアップ化などの非価格競争へと移行する。McNairはこの結果，高コスト，高マージンの非価格訴求型小売業となり，新たに価格訴求を掲げる革新者が登場することを繰り返すと提示した。

②小売アコーディオン理論

　小売アコーディオン理論はHollander（1966）が提唱した品揃えの理論仮説である。Hollanderは品揃えに焦点を当てて小売業態が商品構成を総合化して商品ラインを拡大したり，専門化して縮小したりすることを繰り返すことを提示した。そして，これらの動きが絶えず繰り返されることで新たな小売業態が出現すると仮説提示した。

③弁証法的アプローチ

　Gist（1968）は既存の小売業態を「正」，革新的業態を「反」としてこれらが競争を通して混合されて新しい小売業態の「合」を生み出すと考えた。そして，生み出された「合」の生成した業態が「正」となり新しく「反」が出現する連続的プロセスをたどると捉えた。

④適応行動理論

　Dreesmann（1968）は小売業が社会の特定構造，経済成長の段階，消費者の生活水準に適応しなければならないことを主張した。小売業態を取り巻く技術，法律，競争などの環境の変化に適応できるものが生き残る。Dreesmannは収斂（同一の小売技術を採用する）→異常発達（病的な成長がなされる）→退化（後戻りの進化）→同化（新方式の模倣）という小売業

態の変化の多様性を提示した。

⑤多極化原理

　Brown（1987）は循環説を中心として主要な既存研究の概念を統合した多極化原理を提示した。Brownは販売政策（低価格志向とサービス志向），品揃え（広いと狭い），規模（大きいと小さい）の３次元で考察することを考えた。Brownはある業態は品揃えを広げる，また，ある業態は低価格を目指すなど小売りの営業活動を動態的に捉えている。

⑥ビッグ・ミドル仮説

　Levy他（2005）は小売業の構造をビッグ・ミドル，低価格，革新，不振の４つのセグメントに分けて説明している。小売業者は高品質の商品を高価格で販売し革新的なセグメントで展開する「革新的小売業者」もしくは低コストのオペレーションを基盤に低価格セグメントで展開する「低価格小売業者」から事業を開始する。そこで成功した小売業者は規模の経済性や売上高の増大を求めて自分の強みを磨きながら価格やオファリングの軸をシフトさせてビッグ・ミドルへ移行すると提示した。

第3節　業態

　業種店は生産者が力を持った時代の川上産業が流通させる商品を中心に小売業を分類した名称である。これに対して，**業態店**は顧客を中心に誰に（対象顧客），何を（客体：商品），どこで・どのように（取引方法：市場・提供方法・運営方法）の視点で分類した概念である。

1 取扱商品による分類[3]

（1）業種店

　生産者側からの立場で商品によって分類するのが業種である。業種は何を売るのかによって小売業を分類する概念である。特定商品を限定して取り扱う店が魚屋，肉屋，果物屋，パン屋，菓子屋などに代表される業種店である。業種店は商店街の中に立地していて商品名の後に屋が付く場合が多い。

（2）総合小売業

　業種店に対して取扱商品の幅を広げた店を総合小売業と呼ぶ。総合小売業の代表が百貨店やスーパーそしてコンビニなどである。総合小売業は経営や営業形態の視点から業態店と呼ばれることが多い。

2　業態店

（1）業態化

　小売業が特定のニーズを持つ消費者に対してどのような商品やサービスを，どのような方法や仕組みで提供するのかという視点から小売業を分類したのが業態である。小売マーケティングは市場の中で消費者と競争相手を意識しながら独自の小売ミックスを編成することで個別の業態を開発する。業態店は主要な顧客層を明確にしており，特定の生活シーンに対して商品やサービスの組み合わせを提案する。業態は顧客の立場に立ち購買目的や購買方法を基準として小売業を分類する方法である（図表7-2）。

　小売業は多様な流通環境の変化に対応しながら独自の小売ミックスを進化させてきた。たとえば，日本の小売業は20世紀の半ばにセルフサービスやチェーンストア方式を米国に学んで導入した。当時の小売業は対面販売が常識であった。米国では百貨店がチェーンストアやセルフサービス方式を採用していることが多い。

図表7-2　業態化

項目	内容
誰に	対象顧客
何を （客体：商品）	品揃え，マーチャンダイジング，商品構成（品目×陳列量），ラインロビング，仕入/PB強化
どこで・どのように （取引方法：市場・提供方法・運営方法）	市場：立地，有店舗/無店舗，都心/郊外，売り場構成 提供方法：セルフ/対面，価格，プロモーション 運営方法：本支店/チェーンオペレーション，仕入， 　　　　　SPA，物流・情報システム

出所：筆者作成。

　チェーンストア理論での業態とはその時点における商品の主な提供方法の特色のことである。それぞれの店舗の品揃えの特徴による分類をチェーンストア理論ではフォーマット（業態類型）と呼ぶ（桜井 2020, pp.212-214）。

　したがって，便利な業態は消費者のライフスタイルで変化する。業態は1950年代までは比較的高級な商品を総合的に品揃えする百貨店と特定の品種グループに限定する業種店，専門店などが中心であった。1960年代になると低価格，セルフサービスの総合型品揃えの日本型総合スーパー，食品を専門にしたスーパーマーケットが開発された[4]。1970年代にはコンビニエンスストア，ホームセンター，ドラッグストアなどの業態が開発された[5]。

（2）ラインロビング

　ラインロビングは新たな商品・サービスを追加して大型化・総合化することである。1960年代に日本型総合スーパーは総合的な品揃え（衣食住全体）と低価格販売で人気を集めて急成長した。日本型総合スーパーは百貨店を目指したのではなく家電店を目指したのでもない。当時の一般家庭が必要とする品種の中から低価格で販売できる商品を集めて総合化したのである。

　業種店の家具屋からスタートしたニトリ（札幌市）は家具だけでなくカーテンやカーペット，調理器具などのラインロビングを展開して現在の姿になっている。ニトリはホーム関連の暮らし全般に対象顧客を広げ，品揃えを専門化しながらラインロビングをした。ニトリはPB開発による低価格販売と商品コーディネートで人気を集めて業態開発をした事例である（図表7-3）。

図表7-3　ニトリの業態化

項目	内容
誰に	ホーム関連の暮らし全般に関心のある顧客
何を （客体：商品）	PB開発によるホーム関連商品のラインロビング
どこで・どのように （取引方法：市場・提供方法・運営方法）	市場：郊外立地，有店舗 提供方法：セルフ,低価格販売,ディスプレイ,コーディネート 運営方法：チェーンオペレーション，SPA, 　　　　　物流・情報システム

出所：筆者作成。

104

（3）業態化の項目

①誰に

　小売業がどのような生活シーンに対してどんな顧客を対象にして商品を届けるのかについて明らかにすることである。

②何を（客体：商品）

　小売業の主たる機能である品揃えとマーチャンダイジングである。品揃えは品目と陳列量の組み合わせの商品構成である。小売業は独自の考え方（コンセプト）で商品の集合体である品揃えを実施するためにラインロビングをする。

　さらに，品揃えするための商品を仕入れるのか，自社でPBとして開発するのかなどの意思決定が重要である。

③どこで・どのように（取引方法：市場・提供方法・運営方法）

　取引方法は市場，提供方法，運営方法に分けて考察できる。市場とは有店舗なのか無店舗なのか，有店舗の場合は立地であり都心立地か郊外立地なのか，売場構成はどこにどの商品を陳列するのかのことである。無店舗の場合はサイト内のコンテンツの配置や構成である。

　提供方法は自社の顧客に向けた活動である。有店舗か無店舗か，有店舗の場合はセルフか対面方式かなどである。価格やプロモーションの視点も重要である。

　運営方法は自社の内部に向けた活動である。本支店経営かチェーンストアオペレーションを採用するかが重要である。無店舗の場合は商品を仕入れて顧客に届けるまでの一連の運営である。したがって，PB開発重視か仕入重視かによって運営方法が違ってくる。また，物流をどこまで自社が実施するかどうかなどの顧客に商品を届けるまでの意思決定が重要である。提供方法は企業外部の顧客との関係性の視点，運営方法は企業内部に向けた視点である。

第4節　チェーンストア理論

1　チェーンストアの定義と特徴

　チェーンストアは「11店以上を直営する小売業またはフードサービス業」である。店舗数が11店舗とされているのはこの辺りから新たなマネジメント方式を導入しないと経営が成り立たないからであって，10店でも15店でもあまり差はない（桜井 2020, p.44）。また，店数が多くても標準化されていなければ標準的なオペレーションができないのでチェーンストアとは呼べない。

　チェーンストアは経営形態が規格化され多数の店舗が同じ方法で運営されている。チェーンオペレーションは専門化，責任と権限の明確化，命令系統の統一化，管理・調整範囲の確定，店舗運営責任の決定などの単純で合理的な組織づくりの原則で構成されている。本部が購買機能やスタッフ機能を集中的に担い，各店舗は販売機能を受け持つ。特徴は本部が各店舗を統一的に標準化，マニュアル化して管理・運営することである。

　チェーンストアは多店舗展開で大量販売をすることからマス・マーチャンダイジングを目指す。マス・マーチャンダイジングは大量の購買力，すなわちバイイングパワーを前提とした商品設計の立案から販売までの全プロセスの総称である。全プロセスには保管，加工，配送，ディスプレイ，販売促進などの活動が含まれる。

2　支店経営との違い

　経営者が多くの意思決定を店舗に委ねる運営方式を支店経営と呼ぶ。支店経営は店ごとに異なる条件を受け入れそれを前提として行動する。経営者は店長に個別の意思決定を委ねる運営方式である。チェーンストアは本部主導で最適な条件をあらかじめ決定して店づくりの標準化から実施する。そして，本部が全店共通の対応方法を決定する。店舗が標準化されているから1店の経験法則は全店に適応可能と考えるのである。

3 チェーンストアの種類

（1）レギュラーチェーン（regular chain：RC）

　レギュラーチェーンは単一の法人格のもとで同一形態の直営店を一定のルールで多店舗展開する小売業の組織形態である。コーポレートチェーンとも呼ばれ店舗展開の標準的な手法である。本部が店舗運営の主要機能を主導しながら本部の一括仕入機能によって多数の店舗を組織的に統合し，専門的な一元管理で運営している。

　特徴は本部主導による組織運営で各店舗は本部の指示に従い設定した目標に向けて販売に専念する。本部のバイヤーは大量一括仕入れによる仕入条件交渉で優位性を実現する。多くの小売業は物流センターを設置して第三者に物流委託（サードパーティロジスティクス）することで各店舗に一括配送する体制を構築している。

（2）フランチャイズチェーン（franchise chain：FC）

　フランチャイズチェーンはフランチャイザー（本部）がフランチャイズ・システムやノウハウと商標，サービスマークやチェーン名などのフランチャイズ・パッケージの事業の運営方法を提供する。フランチャイジー（加盟店）は自己資金を投入して本部が開発した事業の方法やノウハウを使用して営業して互いに利益を得ようとする事業の共同体である。加盟店は本部に対して加盟時に加盟料，そして継続してロイヤルティを支払う。ロイヤルティは本部が開発したフランチャイズ・パッケージの使用料や経営指導料への対価である。

（3）ボランタリーチェーン（voluntary chain：VC）

　ボランタリーチェーンは複数の中小小売業などが店舗や経営の独立形態を保持した状態で，部分的に小売機能を共同・協業化するチェーンストア形態組織である。資本的に独立した複数の小売業が主に商品の共同仕入を目的として結成している。（一社）ボランタリーチェーン協会（台東区）の定義では「異なる経営主体同士が結合して，販売機能を多数の店舗において展開す

ると同時に，情報などを本部に集中することによって組織の結合をはかり強力な管理のもとで仕入や販売などに関する戦略が集中的にプログラム化される仕組みとその運営」のことである[6]。

4 バーティカル・マーチャンダイジング

　日本では新しいライフスタイルの提案はメーカーが担い小売業は流通する商品の中から選択して品揃えする場合が多い。しかし，一番消費者に近いところに位置する小売業が消費者のライフスタイルの変化やニーズを迅速かつ的確につかむことができる。欧米では製造業のブランドよりもチェーンストアが開発した**PB**が先行して進展した。生産者が零細だった江戸時代の小売業（大店：おおだな）は資本力と販売力を背景として消費者ニーズに合った商品開発のプロデューサー機能を担っていた（桜井 2020, p.262）。

　PB開発はチェーンストアの大きな目的であり日本型総合スーパーをはじめとして多くの企業が取り組んできた。開発初期のPBはNBをコピーしてNBよりも安い価格で販売した。PBは広告宣伝費がかからない，メーカーとの直接取引なので中間マージンや物流費が少ない，過剰な品質や機能を排除できるから低価格化が可能である。

　PB開発の課題は小売業の販売力とは違う商品開発能力が必要なことである。残念ながら，日本型総合スーパーはバイイングパワーを背景とした仕入力を持っていたが商品開発力は劣っていた。1960年代からダイエー（江東区）がPBにチャレンジしたが多くは失敗におわった[7]。

　成功事例は西友（北区）がジェネリック（ノーブランド）の取り組みで始めた「無印良品」である。コンビニはメーカーとの協働的MD組織を構築することで独自開発商品の導入に成功した。協働的MD組織は小売業が持つ情報を中心に商品開発をするために多様な企業が参加して編成される。コンビニのPBは大手メーカーからも注目され名実ともに認知されたブランドに育った[8]。

　現在，大手メーカーは小売業と一緒にPBの共同開発に積極的に参加している。専門量販店で**バーティカル・マーチャンダイジング**に取り組んだユニクロ，ニトリなどの企業は高い成長力を維持している。日本の生活必需品に

おけるPBの市場シェアは約10％で米国は20％，英国，スイス，スペインは40から50％を超えていることから今後も成長することが期待できる。

5 PB（プライベート・ブランド）の現状

PBは主に小売業が自社で企画製造して販売する商品である（第1章参照）。小売業は各社の独自性を出し収益性を高めるためにPBを強化しようとしてきた。セブン＆アイHD（千代田区）の「セブンプレミアム」は売上高が1兆5,000億円規模である。コロナ禍にあっても成長しているニトリHD（札幌市）は家電販売へ，無印良品を展開する良品計画（豊島区）は食品のPBを強化する計画である。各社はこれまでに構築したノウハウを活用してNB（ナショナルブランド）よりも高い利益率が伴った魅力ある商品を市場に投入する。

しかし，厳しい環境下で多くの企業は目的を達成できていないようだ。三越伊勢丹HD（新宿区）はPBを大幅に縮小している。丸井グループ（中野区）はPB事業から撤退して今後はネット企業の店舗運営支援や金融などの成長分野に社員を移動させる。PBはメーカーからの全量買い取りが基本である。計画通りに販売できなければ在庫を抱えるリスクがある。

第5節　おわりに

小売業は流通環境の中で特に消費者の変化に対応しながら品揃えや提供方法を改善して業態を開発してきた。個別の小売業が自律的に多様な試みを実施する中で一定の品揃えや仕組みが生成されることがわかった。小売業の業態化は小売ミックスを誰に（対象顧客），何を（客体：商品），どこで・どのように（取引方法：市場・提供方法・運営方法）の視点で再編成することである。

卸売業で考察したサプライチェーンは小売業の視点からはバーティカル・マーチャンダイジングで捉えることができる。小売業が多くの顧客に支持される業態を開発するためにはより良い品質の魅力的な商品を買いやすい価格で提供する必要がある。小売業は商品開発から原材料の調達，物流などの機能を磨いている。小売業はマーチャンダイジング能力やストアオペレーショ

ン能力を磨きながら業態開発を展開している。一方で，生産業や卸売業は小売業に積極的に進出しようとしている。

　本書のテーマである「流通の仕組み」は小売業では業態開発の視点が重要である。そこで，第8章では小売業がどのような流通環境の変化を受けてどのように業態を開発してきたのかについて学習する。

考えてみよう―Review&Discussion―

1．業種店と業態店の違いについて考えてみよう。

2．PBの歴史について整理してみよう。

3．小売業が大量販売を背景に商品化や品揃え，販売方法などの流通システムに与える影響について考えてみよう。

注

1）井上・村松（2015, pp.27-28）を参照した。

2）井上・村松（2015, pp.79-85），清水他（2020, pp.6-8）を参照した。

3）井上・村松（2015, pp.23-24）を参照した。

4）日本型総合スーパーは欧米のGMS（ゼネラルマーチャンダイズストア）を模倣して開発された。両社の違いは日本型総合スーパーが食品を取り扱っているのにGMSは非食品を中心に総合していることである。

5）チェーンストア理論では小売業を店舗の品揃えの特徴によってフォーマット（業態類型）に分類している。個別の小売業が開発した業態がフォーマットになるためには，消費者に業態が浸透することや業界団体が設立されて社会全体に認知度が高まるプロセスを経ている。

6）（一社）ボランタリーチェーン協会（https://www.vca.or.jp/about/〔検索日：2021年3月28日〕）。

7）かつてセゾングループ（西友）が提携した米シアーズ・ローバックは経営破綻，ダイエーがMDの手本とした英マークス＆スペンサーも苦戦している。両社ともにかつてはPB主導型の総合型量販店でPB比率は85％以上あった。

8）2019年度のPBの売上高はセブン＆アイ・ホールディングが1兆4,500億円（前年比2.6％増），イオンが8,098億円（前年比4.4％増）であった。

第 8 章

業態の変化

【本章のねらい】

　小売業は流通環境の変化に適応しながら品揃えや提供方法を改善してきた。小売業は市場の中の生産者，卸売業者を選択して独自の小売ミックスを編成しながら機能を強化しようとする。小売業は最終消費者に商品を届けるために市場の中で競争相手を意識しながら機能を磨いている。

　この活動が小売業の業態開発であり，その個別企業の継続的な活動が現在の流通システムの最終段階を形成している。小売業の業態化は小売ミックスを誰に（対象顧客），何を（客体：商品），どこで・どのように（取引方法：市場・提供方法・運営方法）の視点で再編成することである（図表7-2）。

　小売業の個別企業の仕組みが類似性を帯びて社会に浸透すると業態が確立する。国や消費者から業態名でコンビニ，ドラッグストアなどと呼ばれるようになると，国や消費者との窓口として協会が設立され社会的に認知される。

　本書は個々の企業の流通の仕組みを起点にして流通システムを考察する。小売業の立場では業態開発である。本章は業態がどのようにして誕生してどのようなプロセスを経て現在に至ったのかについて概観する。

キーワード

百貨店，買取仕入，委託仕入，消化仕入，外商，日本型総合スーパー，スーパーマーケット，コンビニエンスストア，PB，ドラッグストア，ホームセンター，SPA，衣料品専門店，家電量販店

第1節　はじめに

　歴史的に小売業は流通環境の変化や消費者ニーズの変化に対応しながら業態を開発してきた。そして，小売業はそれぞれの時代環境に適応した品揃えや，提供方法，運営方法を生み出してきた。現在の流通システムは消費者と直接接点がある小売業が大きな力を持っている。したがって，流通システムは小売業の業態開発の視点から考察すると理解が深まる。

　第2節は20世紀の主役であった百貨店と一般にスーパーと呼ばれる日本型総合スーパーとスーパーマーケットについて考察する。第3節は20世紀後半から開発された業態のコンビニエンスストア，ドラッグストア，ホームセンター，第4節は専門店の業態開発について概観する。そして最後にフレームワークの視点で現状と課題について検討する。

第2節　20世紀の主役

1　百貨店（DP：DEPARTMENT STORE）

（1）歴史

　百貨店は中心市街地に立地して華麗な売場で対面方式のサービス提供を重視する大型小売店舗である。百貨店は同一資本の下で多様な高級品を総合的に品揃えして，部門別組織をベースとした管理運営をしている。

　百貨店の起源は1852年に仏国のパリで開業した「ボン・マルシェ」と言われる。米国では同じ頃にボストンに「ジョーダン・マーシュ」，ニューヨークに「A.T.スチュアート」などの百貨店業態が登場している。当時の百貨店は定価販売，現金販売，品質保証，返品・返金の自由，無料配送制度，店内出入りの自由などのさまざまな営業・販売方法を開発した。そして，百貨店は売場単位での部門別管理組織を確立して消費者にワンストップ・ショッピングの利便性を提供した。ワンストップ・ショッピングとは消費者が1カ

所で必要な商品をすべて買うことができることである。

　日本での百貨店は合名会社三井呉服店が1904年に株式会社三越呉服店に改組して1905年1月2日の新聞に「デパートメント・ストア宣言」を行った時だとされる。日本の百貨店は呉服系と電鉄系に大きく分けることができる。1920年前後には呉服屋から高島屋（大阪市），松屋（中央区），松坂屋（江東区），大丸（江東区）などが百貨店化を目指した。当時の百貨店は人々にとって購入よりも文化や流行に触れて楽しむ憧れの存在であった。その後，電鉄系百貨店がターミナル立地を活用した大衆化路線で登場した。世界初のターミナルデパートは1920年に阪神急行電鉄（現在の阪急電鉄）の梅田駅構内に開店した白木屋である。1929年に「阪急百貨店（大阪市）」が誕生して各地の鉄道会社によって主要駅に百貨店が開設されていった。

（2）特徴
①百貨店の仕入形態

　百貨店の仕入れは大きく**買取仕入**，**委託仕入**，**消化仕入**の3つのパターンに分類できる。**買取仕入**は仕入先から商品を買い取る仕入形態である。仕入先に瑕疵がない限り返品はできない。仕入れた商品は小売店の所有となり，小売店は仕入れた時から在庫リスクや保管責任を負担する。小売価格を決める権利の価格決定権は小売店にあり小売店は仕入価格に自分の利益分を上乗せして小売価格を決める。

　委託仕入は日本の百貨店とアパレルメーカーが独自に構築した「返品条件付き買取」制度である。仕入先から一定期間商品を預りその販売を委託される仕入形態である。仕入れた商品は小売店の所有となるが売れ残った商品は仕入先に返品できる。小売価格の決定権は仕入先が持つ。小売店は在庫リスクを負担しないが保管責任を負担する。卸売業者やメーカー側が在庫リスクを抱えるので小売業者の利益率が買取仕入と比べて低くなる傾向がある。

　消化仕入は小売業で売上が計上されたら仕入が計上される取引形態である。商品が顧客へ販売されると同時に商品を仕入れることになる。百貨店の売場に陳列してあっても販売されるまではその所有権および保管責任は取引先側

にある。小売店は在庫リスク，保管責任も負担しない。

②外商

　外商とは法人や多額の購買が見込める有力な個人客を対象に店舗外で直接顧客を訪問して商品を販売する方法である。外商は通常正札価格より値引きする。外商部は個人部門と法人部門に分かれる。外商の担当者が得意先に出向きギフト商品，高級ブランド品などの商品を提案して販売する。呉服店系の百貨店では伝統的に実施していた固定客に対する販売方法である。

(3) 現状

　1960年代からセルフサービス，低価格，大量販売の日本型総合スーパーが台頭した。独立系の地方百貨店は急速に衰退して多くは大手百貨店の傘下に入った。百貨店の売上高はバブル崩壊直後の1991年が約9.7兆円でピークであった。その後，百貨店は消費税の導入，税率の引き上げ，大型ショッピングセンターや衣料品専門店などとの競合，無店舗販売の台頭など流通環境が一気に厳しくなり2000年にそごうグループが経営破綻した。

　2003年から2008年にかけて大手百貨店同士の再編統合が相次いだ。2003年に西武百貨店とそごうが経営統合してミレニアム・リテイリンググループ（千代田区）となり，2006年にセブン＆アイHD（千代田区）の傘下に入った。2007年9月には大丸と松坂屋HDが共同持ち株会社のJ.フロント・リテイリング（中央区）を設立して経営統合した。2007年10月は阪急百貨店と阪神百貨店が経営統合してエイチ・ツー・オーリテイリング（大阪市）が発足した。2008年4月は三越と伊勢丹が経営統合して三越伊勢丹HD（新宿区）となった。現在はこれらに高島屋を加えた百貨店5グループ時代になっている。

2 日本型総合スーパー（GMS：GENERAL MERCHANDISE STORE）

(1) 歴史と特徴

　スーパーは1930年代初頭の米国に出現した業態である。スーパーはマス・マーチャンダイジングという現代的なコンセプトを基にして大量販売，セル

フサービス販売，部門別管理，現金持ち帰りのコンセプトで登場した。

日本型総合スーパーは実用的な商品を中心にラインロビングをして品揃え
を拡大して総合化した。日本型総合スーパーはワンストップ・ショッピング
の機能を提供しセルフサービス販売方式を採用して急成長した。日本型総合
スーパーは標準化した大型店を本部が集中管理するチェーンオペレーション
を採用して多店舗展開した（第7章参照）。

日本型総合スーパーは1973年に中小小売商業を保護するための大店法が制
定，翌年に施行されたことから出店や営業に大きな制約を受けることになっ
た。当時の日本型総合スーパーの大手はダイエー，ニチイ，ジャスコ，イト
ーヨーカ堂，西友ストアでビッグ5と呼ばれた。初期の日本型総合スーパー
は繁華街を主要立地として開発された。しかし，自動車が一般家庭へ普及す
ると郊外に大規模駐車場を併設したショッピングセンターを開発してその核
店舗として出店されてきた。

日本型総合スーパーの多くは消費者ニーズとの乖離やバブル時代の無理な
投資などが打撃となって衰退した。日本型総合スーパーは特定のカテゴリーに
強い量販型専門店が成長し大規模化するにつれて需要を奪われていった。食
はスーパーマーケット，薬や日用消耗品はドラッグストア，雑貨や文房具はホ
ームセンターや百円均一，家具や衣料品はSPA手法の専門店，家電は家電量
販店などである。日本型総合スーパーは全盛期に東の西友，西のダイエーと
呼ばれていたが，両社ともに多くの負債を抱えて1990年代に入って解体された。
ダイエーは2001年にローソンの株式譲渡，2002年に銀座プランタンの株式譲渡，
2004年に産業再生機構の支援，2005年に福岡ダイエーホークスの株式譲渡，
2007年にイオン，丸紅（千代田区）との資本・業務提携合意，2013年にイオン
の連結子会社，2015年に完全子会社になった[1]。西友は1998年にファミリー
マートや良品計画を手放した後，米ウォルマートの傘下に組み込まれた。

（2）現状

2020年度日本型総合スーパーの市場規模は7兆3,106億円で，イオングル
ープ（2兆7,174億円）とセブン＆アイHD（1兆1,453億円）が1位，2位

で合わせて52.9％のシェアを占めている[2]。

①イオン

　イオンは三重県の呉服店「岡田屋」を源流とする。1969年に岡田屋，フタギ，シロが共同出資会社ジャスコを設立した。このように，イオンは地方出身で積極的に他社との提携戦略による成長を目指した。イオンは限られた市場で商売をするために日常生活に近い需要をすべてカバーする生活密着型の店舗を開発した。

　岡田家の家訓は「大黒柱に車をつけよ」である。この家訓はかつて四日市で再開発があり人の流れが変化することを見通して創業の立地に固執せずに大胆に店を移転したことに象徴されている。イオンはこの創業の精神を受け継いでいる。たとえば，イオンはモータリゼーションの進展を予測して米国を模倣した郊外型のショッピングセンターを開発した。さらに，早い時期から積極的に環境問題に取り組んでいる（第13章参照）。イオンはバブル期に堅実経営を実施した。イオンは過大投資で経営不振に陥ったマイカル（ニチイ）やダイエーを買収して業界再編を進展させた。

　イオンは2025年を最終年度とする中期経営計画でデジタルシフトの加速と進化，サプライチェーン発想での独自価値の創造，新たな時代に対応したヘルス＆ウェルネスの進化，イオン生活圏の創造，アジアシフトのさらなる加速の5つの成長戦略を掲げている[3]。イオンは先鋭的なリスクが伴う投資やグローバル化に積極的な流通グループである（第11章参照）。

②セブン＆アイHD

　セブン＆アイHDは1920年に東京台東区に開店した洋華堂用品店が源流で，1958年にヨーカ堂を設立し1971年に社名をイトーヨーカ堂に改称した。セブン＆アイHDは肥沃な市場の中で競争が厳しい首都圏に集中して店舗を展開した。セブン＆アイHDが都市生活者向けの事業展開を実施しているのはこのような背景がある。

　セブン＆アイHDは小さな改善の積み重ねを重視する経営スタイルである。現在のセブン＆アイHDのセグメントは国内と国外のコンビニエンスストア事業，スーパーストア事業，百貨店事業，金融関連事業，専門店事業，その

他の事業である。2019年2月期決算では，国内外のコンビニエンスストアが全体の営業収益の55％，営業利益の79.5％を占めていることからセブン－イレブンがグループ全体を牽引していることがわかる。

　2021年1月現在のセブン＆アイHDの戦略は店舗とネットの融合を進め配送拠点から家庭までのラストワンマイルの配達を強化することと，日本国内のコンビニ市場が飽和する中で米国市場を成長の柱に据えることである（第11章参照）。最近は，SDGsに本格的に取り組む方針を発表している（第13章参照）。

3　スーパーマーケット（SM：SUPER MARKET）

（1）歴史と特徴

　（一社）全国スーパーマーケット協会（千代田区）は**スーパーマーケット**を「単独経営のもとにセルフサービス方式を採用している総合食料品小売店で年商1億円以上のものをいう」と定義している[4]。1953年11月，東京青山に開店した紀ノ国屋が日本最初のセルフサービス店と言われる。

　スーパーマーケットは日本型総合スーパーと同じ時期に誕生したが食品を中心とした範囲で品揃えを総合化した。スーパーマーケットは生鮮食品や総菜を中心として日配品や加工食品などをラインロビングしてワンストップ・ショッピングの場を消費者に提供している。スーパーマーケットは消費者が食に関する課題を解決するミールソリューションを提供する専門的な業態である。現在のスーパーマーケットの戦略は価格訴求型と品揃えや提供方法重視型の二つの方向性に分かれる（第3章参照）。

（2）現状

　2019年度のSMの市場規模は16兆3,387億円で，トップ3はイオングループ（3兆309億円），ライフコーポレーション（7,138億円），セブン＆アイHD（6,501億円）で3社合わせて26.9％のシェアである[5]。

①イオングループ

　イオングループはU.S.M.H（ユナイティッド・スーパーマーケット・ホールディングス：千代田区），ダイエー，マックスバリュなどを傘下に持ちスーパ

ーマーケット業態の中で圧倒的な地位を確立している。U.S.M.Hはイオンが傘下のマックスバリュ関東（江東区），マルエツ（豊島区），カスミ（つくば市）を合併させて発足した。イオンはスーパーマーケット改革を打ち出し全国各地域の事業会社を統合，再編成して市場シェアを向上させている（第14章参照）。

②ライフコーポレーション（ライフ）

　ライフ（大阪市）は東京と大阪の人口が集中する大都市圏に立地して品揃えや提供方法重視型のスーパーマーケットとして確固たる地位を確立している。最近は食品の宅配事業に米アマゾンと一緒に取り組んでいる（第12章参照）。ライフと同様の品揃えや提供方法重視型を採用するのがヤオコー（川越市）である。両社はPB開発で提携している。

第3節　20世紀後半に開発された業態

1　コンビニエンスストア（CVS：CONVENIENCE STORE）

（1）歴史と特徴

　コンビニエンスストア（コンビニ）は日本型総合スーパーが開発した業態である。西友は1973年にファミリーマート，イトーヨーカ堂は1974年にセブン-イレブン，ダイエーは1975年にローソンの1号店を開店させている。この背景には大店法の施行があった（第2章参照）。

　コンビニは文字通り便利性を追求して業態開発されてきた。便利な立地，長時間営業，ワンストップ・ショッピングなどの便利性と消費者ニーズに合わせた品揃え，マーチャンダイジング，サービスを提供している。さらにコンビニは多店舗の運営方法としてフランチャイズ・システムによる出店を実施した。酒屋を中心とした業種店がフランチャイジー（加盟店）になりコンビニの成長を促進させた経緯がある（第7章参照）。

　21世紀に入ってコンビニは大規模な百貨店，日本型総合スーパーが苦戦する中で順調に店舗数と売上高を伸ばした。コンビニは2009年に業態売上高で百貨店を追い抜き，2014年には年商規模で10兆円を超えて成長した。コンビ

ニは少子高齢化の進展や共働き世帯の増加でターゲットを若い男性中心から女性やシニアに変更して品揃えやサービスを開発した。たとえば，中食と呼ぶ総菜やデザート，淹れたてコーヒー，冷凍食品などの開発に力を入れた（第2章参照）。コンビニが好調の要因は流通環境の変化を機会として前向きに捉えて積極的に対応してきたことである。

　さらにコンビニは2011年の東日本大震災などで生活のインフラを支える機能として注目されている。現在，コンビニは買物弱者へ商品を流通させる機能として社会的役割が期待されている（第10章参照）。

（2）現状

　（一社）日本フランチャイズ協会（港区）は2020年度のコンビニの市場規模は10兆6,608億円（前年比4.5％減）であったと発表した。原因はコロナ禍でのリモートワークの普及やオフィス街や観光地の店舗の利用が大きく落ち込んだことである[6]。コンビニ業界はセブン－イレブン（4兆8,706億円），ファミリーマート（2兆7,643億円），ローソン（2兆1,658億円）の上位3企業でシェア91.9％である。その最大の理由はコンビニが同質化競争であり，規模と資金力がないと情報インフラへの開発投資ができないからである。

　百貨店は独自商品が少なく場所貸し業が中心である。日本型総合スーパーはメーカーが開発した商品を安く仕入れて品揃えすることがメインで運営されている。コンビニは本部が商品の企画段階から関わり徹底的に売れる商品を開発するマーチャンダイジングを強化してきた。したがって，圧倒的な販売力を背景にしたマーチャンダイジング力とそれを支えるシステムが備わった企業しか生き残れなかったと考えられる。さらに，ファミリーマートとローソンがセブン－イレブンに対抗するために他のコンビニを積極的にM＆A（買収・提携）したことも要因である。

　セブン－イレブンが強い理由は商品開発力にある。セブン－イレブンが開発したPBの2020年度の年間販売額は1兆4,500億円である。品目数は4,000種類を超えて食料品から日用雑貨さらに衣料品へと広がっている。同社は安全，環境，健康に配慮した商品開発を目指している[7]。

　2020年9月に公正取引委員会はコンビニ各社に対して値引き販売の制限，24時間営業の強制などが独占禁止法違反の可能性があると指摘して現状点検や改善を求めた。FCによる事業モデルは本部が商品開発や物流網の整備，経営ノウハウの提供を担い，加盟店はその対価として粗利益などから一定割合の経営指導料を払う仕組みである（第7章参照）。一方で売れ残り品の廃棄費や人件費は基本的に加盟店が全額負担する。この仕組みだと加盟店の経営が悪化しても粗利益が生じる限り本部は収益を確保できる。コンビニ市場は2019年に初めて店舗数が減少に転じるなど成熟化してきたために経営が悪化してきた加盟店と本部が対立する構図が顕在化している。

2　ドラッグストア（DgS：DRUG STORE）

（1）歴史と特徴

　（一社）日本チェーンドラッグストア協会（JACDS：港区）は**ドラッグストア**を「健康と美容に関する提案と訴求を主とし，医薬品と化粧品を中心に日用雑貨，食品を取り扱う店」と定義している。ドラッグストアは健康で楽しく毎日を豊かに暮らしたいという消費者のニーズから生まれた店である。

　ドラッグストアが日本に登場したのは1980年頃と言われている。従来の業種店，薬局，いわゆる「くすり屋」とは違う業態である。日本の多くの小売業は米国に視察に行って消費者の日常生活を支える業態として展開していたドラッグストアを倣って開発した経緯がある[8]。

　日本の小売業は医薬品や化粧品に加えて日用雑貨や食品などのカテゴリーをラインロビングして独自のドラッグストアを開発した。ドラッグストアは品揃えを増やしながら売場面積を拡大して，健康で美しく毎日を豊かに暮らしたいという消費者のニーズに応え続けている（図表8-1）。ドラッグストアは薬（OTC医薬品と調剤），化粧品，食品などの品揃えをしている。販売方法は薬剤師が対面で提供する薬とセルフ販売の商品の両方を併設して運営している[9]。

（2）現状

　JACDSの調査ではドラッグストアの2019年度の市場規模は前年比5.7％増

図表8-1　ドラッグストア業態

項目	内容
誰に	健康で美しく毎日を豊かに暮らしたい消費者
何を (客体：商品)	薬（市販薬（OTC）と調剤），化粧品，食品などの品揃えでラインロビング
どこで・どのように (取引方法：市場・提供方法・運営方法)	市場：有店舗，郊外立地中心 提供方法：薬剤師が対面とセルフ販売，食品や日用雑貨などをスーパーマーケットよりも安く販売，売場面積大型化 運営方法：チェーンオペレーション

出所：筆者作成。

の 7 兆6,859億円であった。売上高は順調に伸びて 4 年連続で 5 ％を超えた。売上高上位企業はウェルシアHD（8,976億円：千代田区），ツルハHD（8,932億円：札幌市），コスモス薬品（6,844億円：福岡市）である。ドラッグストア売上高上位10社が市場シェアの73.01％を占めている。ドラッグストアは大手を中心にM&Aが活発化している。2021年10月に業界 5 位のマツモトキヨシHD（5,905億円：松戸市）は 7 位のココカラファイン（4,038億円：横浜市）と経営統合してマツキヨココカラ＆カンパニーを設立する[10]。

　最近はドラッグストアが食品を強化するためにスーパーマーケットを買収する事例が増えている。ドラッグストア業界は同業態内や業態の垣根を超えた再編が活発化している。

3　ホームセンター（HC：HOME CENTER）

（1）歴史と特徴

　（一社）日本DIY・ホームセンター協会（千代田区）によると，DIYは英国のロンドンで発祥した後，欧州大陸の仏国に渡り欧州全域に伝播して米国に伝わった。DIYは米国人の自分の住まいを修理改善するライフスタイルに受け入れられた。米国では1960年代後半に大型DIY専門店（ホームセンター）が開発された。ホームセンターは住宅関連用品をワンストップ・ショッピングできる便利性を追求して全米に展開された。

　米国でDIYの浸透に大きな影響を与えたのがホームインプルーブメント

（Home Improvement：HI）の自分たちがより良い快適な生活空間にしていこうとする考え方である。1970年代に入ると米国のホームセンター業態は確立され欧州に逆輸入されて普及した。

　日本では1970年代前半頃から本格的なホームセンターが開発され徐々に全国へと広がった。この頃，ホームセンターに参入した企業母体は建設業，家具店，塗料店，建材店，ボウリング場，タクシー業，ガソリンスタンド，私鉄などであった。1977年6月に日本DIY協会が設立され業態として確立された[11]。

（2）現状

　2019年度のホームセンターの市場規模は3兆9,537億円で上位10社が2兆4,818億円で市場シェアが62.8％であった。上位3社はカインズ（4,410億円：本庄市），DCM HD（4,374億円：品川区），コーナン商事（3,746億円：大阪市）であった[12]。ホームセンターは規模の拡大を目指して活発M&Aを実施している。また，売上高業界第7位の島忠（1,464億円：さいたま市）をインテリア家具小売のニトリが買収して子会社にした。非上場企業のカインズはM&Aに頼らずデジタル投資や業態開発，SPA手法での商品開発に力を入れて成長した。ホームセンターは業態間の競争が激化すると同時に，ドラッグストアなどの他業態との競争も熾烈化している。そのため，ホームセンター各社は園芸やDIY商材などのHCでしか購入できない品揃えやPB，独自のサービスを強化することで違いを打ち出そうとしている（図表8-2）。

図表8-2　ホームセンター業態

項目	内容
誰に	住宅関連用品をワンストップ・ショッピングしたい消費者
何を （客体：商品）	園芸やDIY商材などのHCでしか購入できない品揃えやPB開発
どこで・どのように （取引方法：市場・提供方法・運営方法）	市場：有店舗，郊外立地中心 提供方法：独自のサービスを強化・セルフ販売 運営方法：規模の拡大でデジタル投資とPB開発，チェーンオペレーション

出所：筆者作成。

第 **4** 節　専門店の業態開発

1　衣料品専門店（AP：APPAREL）

（1）歴史と特徴

　衣料品の伝統的流通システムは川中に位置する卸売業から業種店（衣料品店）や百貨店が商品を仕入れて販売することであった（第6章参照）。小売業は自社の顧客のニーズに応えるために目利きの力で卸売業から商品を仕入れて品揃えした。小売業は目利きの力と在庫を管理しながら売り切る力が重要であった。

　20世紀末から一般に**SPA**（Speciality Store Retailer of Private Label Apparel）と呼ばれる企画から製造，販売までを垂直統合させることでサプライチェーン・マネジメントの無駄を省き，消費者ニーズに迅速に対応する手法の**衣料品専門店**が台頭してきた。SPA方式の小売業は川上の生産から川下の消費者への販売までの機能を垂直統合することから製造小売業と訳される。SPAの由来は1986年に米国衣料品大手企業のギャップ社の会長が自社の業態を指すために使用した言葉だとされる。

　SPA方式の企業は生産設備や物流機能を自社所有しないケースが多いが実質的な主導権を持っている。SPA方式の代表的なアパレル企業はファーストリテイリングである。SPA企業は主導権を持つ代わりにリスクを取るがそれ以上にメリットが大きいことから成長に寄与している。SPA方式を採用する他業界での代表的企業は家具製造小売業のニトリである。

　SPA方式のメリットは中間流通業者を省くことで高い利益率の確保が可能である。企業は企画から販売までを自社で管理するため，売れ行きに応じた商品の生産調整ができる。デメリットはサプライチェーン全体を運営管理できなければ在庫リスクを伴うことである。

　SPA企業の中でスペインのZARA（インディテックスグループ）やスウェーデンのヘネス＆モーリッツ（H&M）に代表される手頃な値段でファッション性の高い商品を短納期で店頭に投入するのがファスト・ファッションである。

（2）現状

2019年度の衣料品専門店の業態の中で営業収益第1位のファーストリテイリング（2兆2,905億円：山口市）は衣料品の業種店からスタートしてSPA方式を採用して成長した。第2位のしまむら（5,219億円：さいたま市）は仕入による品揃えとローコスト・オペレーションが強みである。現在，ファーストリテイリングとしまむらの両社はECに力を入れている。

紳士服業界の大手4社（青山商事（2,176億円：福山市），AOKI HD（1,802億円：横浜市），コナカ（606億円：横浜市），はるやまHD（505億円：岡山市）は団塊世代の現役引退，仕事着のカジュアル化，コロナ禍での在宅勤務の増加などでスーツへの需要が激減したことからいずれも創業以来の不振に陥っている（第14章参照）[13]。

2 家電量販店（CE：CONSUMER ELECTRONICS RETAILER）

（1）歴史と特徴

家電は20世紀の高度成長を支えた日本を代表する商品で当時の多くの小売業はメーカー系列の業種店であった（第5章参照）。したがって，系列店は単一メーカーの商品しか取り扱っていなかった。その後，家電店は消費者のワンストップ・ショッピングのニーズに応えながら取り扱いメーカーを増やして総合化した。家電量販店は系列店と日本型総合スーパーの顧客を奪いながら業態を開発してきた。しかし，家電量販店はまったく同じメーカーの商品を販売することから価格を中心とした同質化競争になっている。そのため，資本力のある大手企業を中心に寡占化が進んでいる。

米国ではアマゾンエフェクトで家電量販店は壊滅的な打撃を受けた。現在，日本の家電業界はECなどの多様なチャネルとの熾烈な競争の渦中である。

（2）現状

2019年度における**家電量販店**の業態の市場規模は6兆2,560億円である。大手7社の合計は5兆5,454億円で88.6％のシェアである。営業収益で業界首位のヤマダ電機（1兆6,115億円：高崎市）は住宅関連事業に力を入れている（第

14章参照）。2017年から既存店を家電に加えて家具やキッチン用品なども販売する「家電住まいる館」に改装している。ヤマダが開発中の同業態の数は2020年6月時点で100店舗を超えている。2019年12月に大塚家具（江東区）を連結子会社にして2020年2月に都市型店舗「LABI」4店舗に商品を導入した。5月には住宅事業を手掛けるレオハウスを子会社化している[14]。

第2位のビックカメラ（豊島区）は酒類や化粧品，医薬品などの売場を拡大中である。第3位のエディオン（大阪市）は物流企業やプログラミング教室に積極的な投資をして非家電事業分野へのM&Aに積極的である。近年，家電量販店業態は同業者間の大型M&Aはなく，その代わりに異業種との提携などで将来的な市場縮小に備えるための投資を行っている[15]。

第5節　おわりに

流通システムは小売業の立場からは業態開発の視点から捉えられる。20世紀から今日までに小売業は業種店から業態店へ移行したことがわかった。業態開発は商品の品揃えを広げるラインロビングや必要な商品を届けるためのマーチャンダイジング活動を磨きながら進展してきたことが確認できた。

このように，流通システムは生産業の商品中心の視点（業種店）から小売業の誰に（対象顧客），何を（客体：商品），どこで・どのように（取引方法：市場・提供方法・運営方法）の視点（業態店）へ変化した。生産業，卸売業の両者はECを活用して商品を直接消費者に流通するようになってきた。

一度確立した業態は他業態との競争や流通環境の変化の中で新しく登場する業態から挑戦を受ける。コンビニのように寡占化が進展して優越的な地位を確立すると社会からの監視が厳しくなり新たな問題が発生するようになる。

20世紀の小売業は実店舗を前提とした業態開発を展開した。しかし，21世紀に入ると，ECを主力とする小売業が台頭して新しい業態を確立した（第12章参照）[16]。本章で採用したリアル（実店舗）を主力とする業態の真のライバルはこれから出現する新たな業態になる可能性がある（第13章，第14章）。

21世紀の小売業は有店舗と無店舗を包含する新たな視点からの業態開発が

必要となるであろう（第15章参照）。

考えてみよう―Review&Discussion―

1．どのように業態化が進展して行くのか考えてみよう。

2．なぜ，百貨店や日本型総合スーパーは衰退してきたのか考えてみよう。

3．今後の業態化に影響を与える要因を挙げてみよう。

注

1）ダイエー（https://www.daiei.co.jp/corporate/company/step/2000.html〔検索日2021年4月26日〕）。

2）『ダイヤモンドチェーンストア』2021年5月1日，p.46。

3）イオン中期経営計画（2021年から2025年度）（https://www.aeon.info/news/release_28654/）

4）（一社）全国スーパーマーケット協会（http://www.super.or.jp/?page_id=25〔検索日2021年3月28日〕）。

5）『ダイヤモンドチェーンストア』2021年5月1日，p.45。

6）『ダイヤモンドチェーンストア』2021年5月1日，p.47。

7）『日本経済新聞』2021年1月7日，第12面。

8）日本チェーンドラッグストア協会（https://jacds.gr.jp/outline-teigi/〔検索日2021年3月28日〕）。

9）日本OTC医薬品協会はOTC医薬品を薬局・薬店・ドラッグストアなどで処方箋なしで購入できる医薬品と定義している。OTCはOver The Counterの略である（https://www.jsmi.jp/what/〔検索日2021年4月26日〕）。

10）『ダイヤモンドチェーンストア』2021年5月1日，p.48。

11）日本DIY・ホームセンター協会（https://www.diy.or.jp/〔検索日2021年3月28日〕）。

12）『ダイヤモンドチェーンストア』2021年5月1日，p.50。

13）『ダイヤモンドチェーンストア』2020年7月1日，p.69。

14）『ダイヤモンドチェーンストア』2021年5月1日，p.56。

15）『ダイヤモンドチェーンストア』2020年7月1日，p.74。

16）『ダイヤモンドチェーンストア』（2020年7月1日，p.34）による主要業態は本章で採用したSM，GMS，CVS，DgS，HC，DP，AP，CEとMO（通信販売）9類型である。

第 III 部

これまでの動き(2)

何を（客体：商品），どこで・どのように（取引方法：市場・提供方法などの届け方）

第9章　生鮮物の流通システム

国が政策を通して統制して管理してきた生鮮物の流通システムについて学習する。

第10章　流通と街づくり

国の流通や街づくりに関する政策がどのように変化したか，政策が街づくりや流通システムに与えた影響について概観する。

第11章　流通の国際化

20世紀後半から現在までの流通外資や日系流通業の国際化について考察する。

第12章　無店舗販売とEC

伝統的に多様な商品の販売で採用されてきた無店舗販売について学習した後に，近年急速に発展したインターネットやSNSを経由した電子商取引（EC）について概観する。

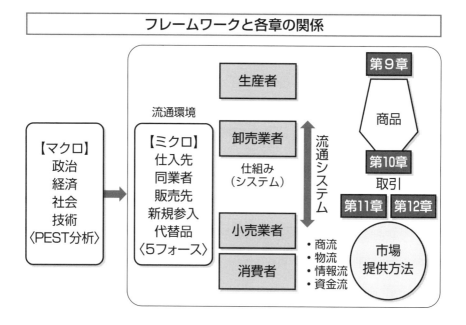

フレームワークと各章の関係

第 **9** 章

生鮮物の流通システム

【本章のねらい】

　本章は生鮮物の流通システムについて学習する。生鮮物は私たちにとって重要な食料である。また，生鮮物は自然環境に大きく影響を受け鮮度劣化が早いため迅速に市場に届ける必要がある。このような理由から，国は政策で生鮮物の流通を統制して管理してきた経緯がある。生産者から預かった生鮮物は卸売機能を果たす市場に運ばれて取引される。小規模の生産者から生鮮物を集荷してそれを迅速に卸売市場へ運ぶために農業協同組合や漁業協同組合などが設立された。

　しかし，小売業者の大規模化，中食，外食などの新たな需要が増加する中で伝統的な卸売市場の機能では不十分になった。したがって，小売業者や外食事業者などは卸売市場を通さない流通システムを別途に市場外で形成した。業種店の減少に伴い伝統的な卸売市場経由の流通システムは販売量が減少した。国は卸売市場法を改正して環境の変化に対応しようとしているが厳しい状況が続いている。

　卸売市場経由の伝統的流通システムが苦戦する一方で，生鮮物の新しい流通システムが登場している。たとえば，産地直送，生鮮食品の流通加工，そしてITなどを活用した新しい生鮮物の流通システムなどである。さらに，食品メーカー，小売業そして外食業が積極的に農業法人や養殖・畜産事業として生産事業に参入して，企業経営のノウハウを持ち込んだ大規模化，近代化に取り組んでいる。

キーワード

　卸売市場，せり，相対取引，改正卸売市場法，農業協同組合（JA），地産地消，宅配サービス，農業法人，6次産業化，農商工連携，新漁業法

第1節　はじめに

　野菜，魚介類，食肉などの生鮮食品は毎日の食生活で不可欠な材料である。生鮮食品は天候などの自然条件によって収穫量が大きく変動することや鮮度が重視されるといった特徴がある。産地は全国各地にあり，それぞれの生産者が消費者に直接流通させるにはコストや時間がかかる。そこで，各地で生産された生鮮食品を集荷してまとめて卸売市場へ出荷する流通システムが構築された。

　本章は第2節で国が管理してきた伝統的な卸売市場の仕組みと改正卸売市場法，そして，農業協同組合の機能と最近の変化について学習する。第3節は新たに登場してきた農作物の多様な流通システムについて，第4節は水産物の流通システムについて考察する。最後に生鮮物の流通システムについてフレームワークの視点からまとめる。

第2節　卸売市場

1　卸売市場の役割と機能[1]

　青果物，水産物，食肉，花きなどの生鮮物は**卸売市場**を通して売買される。卸売市場は開設される都市の規模や卸売場の面積によって中央卸売市場と地方卸売市場に分かれる。中央卸売市場を開設するには農林水産大臣の認可が，地方卸売市場を開設するには都道府県知事の許可が必要である。農林水産省の調べでは，2020年4月時点で中央卸売市場が64市場，2018年度末時点で地方卸売市場が1,025市場設けられている。

　卸売市場の機能は，集荷・分荷機能，価格形成機能，代金決済機能，情報受発信機能である。

（1）集荷・分荷機能

　国内外から多種多様な青果物を大量に集荷し，需要者のニーズに応じて迅速かつ効率的に必要な種類と量を仲卸業者，売買参加者へ販売する機能である。

（2）価格形成機能

　せりや相対取引によって需給バランスや品質の優劣などを考慮しながら公正な評価による透明性の高い価格を形成する機能である。相対とはせりを行わず売買当事者間で取引価格や取引量を決める直接取引のことである（第1章参照）。

（3）代金決済機能

　販売代金の精算や出荷者への支払いを迅速かつ確実に行う機能である。

（4）情報受発信機能

　卸売予定数量，販売価格などを公表し需給に関わる最新情報を収集，提供する機能である。

　卸売市場で生鮮食料品を購入できるのは仲卸業者と売買参加者だけで個人の消費者は購入できない。公設市場は卸売市場とよく似た名称だが直接消費者が買うことができる。

　中央市場は消費者に対して迅速で安定的な生鮮物等を提供する流通拠点である。日々生産される農水産物等を受け入れ，需要と供給に応じた適正な価格形成を実施してさまざまな分野に分荷，販売し，その代金を生産者へ短期間で確実に還元している。

　中央市場には生鮮物等を安定的に届けるためのさまざまな機能がある。出荷者は生産者や協同組合など生鮮物等を出荷する人たちである。卸売業者は出荷者に販売を委託された品物や買い付けた商品を，市場内の卸売場でせりや相対取引などによって仲卸業者や売買参加者に販売する業者である。売買参加者は仲卸業者同様に卸売業者から直接品物を買うことができる小売店や

図表9-1　青果物市場の仕組み

出所：農林水産省HP。

スーパーなどの業者である。仲卸業者は卸売業者から買った品物を市場内の自分の店である仲卸店舗で小売業者など市場に買い出しに来る買出人に販売する業者である。

　買出人は小売業者，総菜店などの中食産業，レストランなどの外食産業の事業者など，仲卸業者から青果物を購入する人たちである。関連事業者は市場内で市場を利用する人たちのために包丁や長靴，包装資材などの販売，飲食店や運送業を営んでいる事業者である（図表9-1）。

2　改正卸売市場法

　卸売市場に関する**改正卸売市場法**が2020年6月21日に施行された[2]。国の認可制であった中央卸売市場の開設が一定の基準を満たせば民間企業でも可能な認定制に移行した。それに合わせてせりなどの取引ルールも各市場に委ねられた。生鮮物の流通システムは産地と消費者との直接取引やネット取引の拡大などで大きく変化していることに対応するのが目的である。

　改正法の背景には卸売市場経由の取扱額が縮小したことがある。中央・地方市場合計の取扱額は青果が1990年度の5兆円をピークに2017年度は3兆3,000億円と4割弱減少，水産は1991年度の6兆2,000億円が2017年度には2兆9,000億円と5割強も減少した。外食や大手小売業が産地や商社などから

直接食材を調達する市場外取引が増えたのが一因である。

　改正法は卸が仲卸や売買参加者以外への販売を禁じる「第三者販売の禁止」を廃止した。これまでに卸は食品加工会社に食材を直接供給できず市場外の別の会社を経由して販売してきた。今回の改正法は実状に合わなくなってきた生鮮物の流通システムの規制を緩和することが目的である。

3　農業協同組合（JA）

（1）概要[3]

　2010年に260万人いた農業就業人口は2018年には175万人に急激に減少，その内65歳以上の割合が約7割に達している。国内で自給できないものを輸入品で賄うために，2018年の農林水産物の輸入額は80兆円を超え，現在の日本は世界第2位の農畜産物輸入国である。

　農業協同組合（JA） は相互扶助の精神の下に農家の営農と生活を守り高め，より良い社会を築くことを目的に組織された協同組合である。この目的のためにJAは営農や生活の指導をする他に，生産資材・生活資材の共同購入や農畜産物の共同販売，貯金の受け入れなどの事業を展開している。

　販売事業の中核は共同販売である。個々の生産者が生産した農畜産物をJAが集荷してサイズ，品質，規格を選別して安定的に出荷する役割を担っている。国内の農畜産物は家庭での需要が減少する一方で，総菜などの中食やレストランなどの外食の割合が増加している。野菜や米は家庭の消費割合が減少する一方で中食・外食での消費割合が伸びて全体の3割ほどを占めている。

　近年，JAはJAファーマーズマーケット（農作物直売所）やレストラン，JAタウン，インターネット通販などの消費者により近い取り組みに力を入れている。さらに，国際的に和食人気が高まる中で輸出にも積極的に取り組んでいる。

（2）地産地消

　農家の高齢化，後継者不足，耕作放棄地の増加などから生産物の生産量が減少する傾向にある。JAは地域で採れた農作物を地域で消費する「**地産地消**」

の運動を推進している。日本の食料自給率の目標は2019年の38％を2030年45％（カロリーベース）まで高めることである。食料自給率は先進国の中で極めて低い水準で国民が消費する食料の約6割を輸入に依存している。

　具体的な地産地消の取り組みは農産物直売所，地場産学校給食，食農教育，都市と農村交流などである。農産物直売所は地産地消の拠点となる場所である。生産者が畑で採れた野菜を直接持ち込み販売しているので鮮度が良くて生産者の顔が見える安全で安心な野菜である。地場産学校給食の目的は子供たちの健康づくりのために地元で栽培された農産物を学校給食で提供して農産物や生産者と交流を促進して郷土愛を育むことや，学校給食を通して食べ物の大事さ，人の営みを子供たちに伝えることである。食農教育は種をまき作物を育てて収穫して大事に食べることで農業の大切さについて伝えることである。都市と農村の交流は都市部の消費者に向けて農業・農作物をPRするとともに生産者と消費者の対話を通して相互理解を深めるイベントなどを実施する（図表9-2）。

図表9-2　JAグループの販売戦略

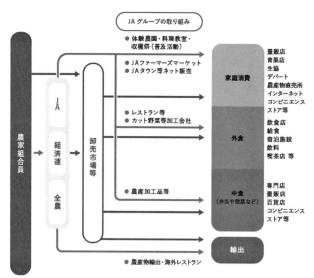

出所：JAグループ「JAFACT BOOKファクトブック2021」p.17。

近年，日本の生鮮物を取り巻く環境の変化は食料自給率の低減，農業生産基盤の弱体化，自然災害の頻発，世界的な人口増加，国際化の進展などである[4]。

第3節　農産物の流通システム

1　多様な取り組み

(1) 道の駅

全国各地の道路沿いに数多くの道の駅が設置されて農産物直売所が人気を集めている。農産物直売所は地産地消の具体的な取り組みであり地元産の農作物や加工品を直接消費者に販売して6次産業化につなげている。生産者は消費者の声を直接聞くことができるため消費者ニーズに対応した生産が可能になる。消費者は生産者との顔が見える関係を通して生産状況などの情報が得られ新鮮さや安心感，価格の安さなどの魅力を感じている。

(2) 宅配サービス

消費者が現地に行かなくても自宅から生産者の顔が見える購入方法が産地直送の**宅配サービス**である。産地直送は生産者や農業協同組合などの生産者団体と個人消費者や生活協同組合などが直接取引する流通システムである。消費者はインターネットの普及に伴い全国各地の青果物をネット経由で購入することが可能になった。通販サイトには生産者からの情報や調理方法などの商品に付随する知識が提供されている。

生活協同組合や民間企業の宅配サービスは消費者のライフスタイルに合わせた品揃えや契約農家の情報や消費者の役に立つ情報と合わせて鮮度を保つ配送技術を提供している。さらに，消費者と生産者が交流できるイベントなどにも積極的に取り組んでいる。

オイシックス・ラ・大地（品川区）はネットやカタログによる一般消費者に向けた有機野菜，特別栽培農作物，無添加加工食品，安全性に配慮した食品・食材の販売に取り組んでいる[5]。子会社には移動スーパー事業の「とく

し丸」，米国のヴィーガン食のミールキット宅配「The Purple Carrot」などがある（第4章参照）。

2 農業法人

（1）現状

　農林水産省は**農業法人**の数が2020年で31,000と5年前に比べて13％の増加，一方で個人経営は23％減少したと発表した。この間に規模別では20ヘクタール以上の経営が顕著に増加する一方で5ヘクタール未満の経営は減少が目立った。生産者は家族経営から企業的な経営へと脱皮が進み規模が大きくなっている。農業法人は企業経営の手法を取り込むことで販売を担当する部門を設置して多様な販路を開拓している。これまでの農業政策の規模拡大は引退する農家の田畑の受け皿的な視点であった。今後は農業法人と農協が連携すると同時に競争を促進することで構造変化を促すことが重要である[6]。

（2）企業の取り組み

①イオン

　イオンは2009年7月に農業法人「イオンアグリ創造（株）」（千葉市）を設立して農業に力を入れている[7]。同社は2019年4月時点で北海道から九州にかけて20ヵ所，計350ヘクタールの直営農場を経営している。それにパートナー農場の70生産者を加えて約100品目を生産している。同社の社員の平均年齢は33.3歳で日本の農業従事者の平均年齢の66.8歳（2016年統計）の半分の若さ，男女比率は男性60％対女性40％の割合である。同社は熟練技術の継承と先端技術の導入によって地域に根差した農業を実施している。理念は「日本の農業を若者が憧れを抱くような産業に育てる」ことである。生産した農作物は国内外のイオングループ各店舗で販売している。同社は3つの約束として「安全安心」，「新鮮」，「地域貢献」を掲げている。

②ワタミファーム

　居酒屋チェーンのワタミ（大田区）は「有機農業を発展させ循環型社会を創造し人々の幸せに貢献する」理念を掲げて2001年から有機農業に取り組ん

でいる[8]。ワタミが農業に参入した理由は外食店舗で美味しい料理を，農薬などを気にしなくて提供するためである。当時，市場には有機野菜がほとんど流通していなかったため自分たちで生産する選択をした。

3　コメの流通

　国は主に米が不足することを念頭に置き，政府の直接売買により米の流通をコントロールするために食糧管理法を制定した。食糧管理法はコメの流通量と流通ルートを厳格に管理することを目的とした。生産者は政府へ売渡義務があり集荷業者は農協や経済連等の指定制，販売業者は許可制であった。

　1995年に食糧管理法が廃止され計画流通を目指した食糧法が施行された。食糧法は政府米主体の管理から民間による流通米を主体とした管理・調整へ移行した。さらに2004年に食糧法は大幅に改正されて計画流通米と計画外流通米の区分を廃止して規制を大幅に緩和した。

　現行食糧法は需給の緩和と消費者ニーズの多様化等に伴い民間流通が成熟する中で流通規制を原則撤廃した。出荷・販売業者も指定制や登録制から届出制に緩和した。米の流通は基本的に自由化され，消費者が全国の生産者や販売業者から多様な方法で購入することができることになった[9]。

4　6次産業化と農商工連携

（1）6次産業化

　農林水産省は農林漁業の**6次産業化**を推進している[10]。6次産業化とは1次産業としての農林漁業と2次産業としての製造業，3次産業としての小売業等の事業との総合的かつ一体的な推進を図り，農林漁村の豊かな地域資源を活用した新たな付加価値を生み出す取り組みである。6次産業化は農林水産物の付加価値向上を目指した農林漁業者による生産と加工・販売の一体化等に向けた事業である。6次とは1（1次産業）×2（2次産業）×3（3次産業）＝6の意味である。

（2）農商工連携

　農商工連携は農林漁業者と中小企業者が新商品や新サービスの開発・販路拡大等のために連携する取り組みである。農林漁業者と中小企業者が長期的・安定的取引契約を結んで商品やサービスを共同開発する。農林漁業者は原料として農林水産物を供給，中小企業者の商工業者が技術・ノウハウを提供して新商品・サービスを開発する。さらに，販路を確保して最終消費者へ流通させる取り組みである[11]。

5　食品メーカーによる農業ビジネス

（1）カゴメ株式会社

　カゴメ（名古屋市）は最先端の技術を集結させた生鮮トマト事業を強化している。カゴメは1998年より本格的に生鮮トマト事業を展開して旬の夏と秋の時期は露地栽培，その他の時期は大型菜園でトマトを栽培している。大型菜園では温室内の温度や湿度，水などをコンピュータで自動制御している。大型菜園は外界との接触が少なく病虫害のリスクを抑えることができる。また，立体的な仕立て方により単位面積当たりの収穫量を最大化できる。カゴメの生鮮トマト事業部は高リコピントマトを中心に新たなトマトの品種開発やベビーリーフなどの商品ラインを拡充して「トマトの会社から野菜の会社に」事業領域を拡大している[12]。

（2）キューピー

　近年，単身や共働きの世帯数が増えて調理時間を短く簡単に済ませるために食の簡便化志向が強くなっている。これに伴いあらかじめ加工された形で提供されるカット野菜の市場が伸びている。1999年にキューピーは三菱商事との合弁で家庭用のカットサラダを提供するサラダクラブを設立した。

　さらに，キューピー（渋谷区）はJA全農と提携してカット野菜工場のグリーンメッセージ（大和市）を設立した。グリーンメッセージは業務用の市場をターゲットにしている。グリーンメッセージはJA全農が持つ情報や原材料調達力を生かして生産者・産地と連携している。生産者は自分たちが栽

培した野菜がどのように使われ，どんな価格でどれだけ売れるのか見通せることで計画的な生産につなげられる。グリーンメッセージはキユーピーが持つ野菜関連の加工技術や情報を活用して一定の温度管理で生産者から加工の現場まで野菜を輸送するコールドチェーンを確立している[13]。

第4節　水産物の流通システムの現状

1　改正卸売市場法の影響

　かつて世界一を誇った日本の水産業は200海里問題による遠洋漁業の衰退によって大きな影響を受けた。水産物の卸売業は数量，販売額ともに減少傾向が続いて厳しい状況である。

　2020年6月21日の卸売市場法の改正で国の認可制だった中央卸売市場の開設が一定の基準を満たせば民間企業でも可能な認定制へ緩和され，せりなどの取引ルールも各市場に委ねられた（図表9-3）。水産物の流通システムは産地との

図表9-3　改正卸売市場

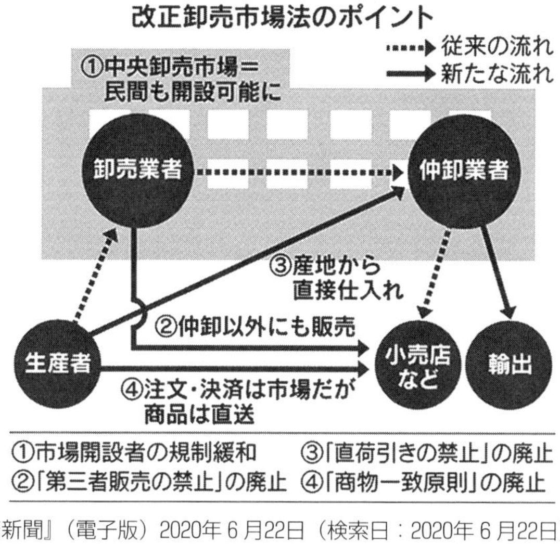

改正卸売市場法のポイント

① 中央卸売市場 = 民間も開設可能に

・・・▶ 従来の流れ
━━▶ 新たな流れ

卸売業者　→　仲卸業者

③ 産地から直接仕入れ

② 仲卸以外にも販売

生産者

小売店など　輸出

④ 注文・決済は市場だが商品は直送

① 市場開設者の規制緩和　　③「直荷引きの禁止」の廃止
②「第三者販売の禁止」の廃止　④「商物一致原則」の廃止

出所：『日本経済新聞』（電子版）2020年6月22日（検索日：2020年6月22日）。

直接取引やネット取引などで市場離れが続く中で大きな転換期を迎えている[14]。

伝統的にマルハ（現マルハニチロ：江東区）とニッスイ（港区）は中央卸売市場の荷受として市場流通の中心的な役割を果たしてきた。両社は荷受に出資することで国内の卸売市場で取引される水産物のせり，入札，相対取引などの流通を担ってきたが漁労部門から撤退したことで卸売市場の比重は低下した。

マルハニチロは大手卸の大都魚類をTOB（株式公開買い付け）して完全子会社化した。大都魚類はマルハニチロと一体感をもった原料調達から海外輸出までの展開を考えて決断した。このように水産物の卸売市場は新たな流通システムの構築に向けて大きく動き出した。

2 新漁業法

2020年12月1日に**新漁業法**が漁業の競争力の向上を目指して70年ぶりに改正され施行された。2019年の漁業・養殖業生産量は1956年の統計開始以来最低の416万トンであった。漁師の数は平成の間で61％も減少して現在は約15万人になった。しかも平均年齢は56.9歳で65歳以上が全体の4割を占めている。このように漁師は減少かつ高齢化が同時進行している。

新漁業法は資源としての魚を増やし漁業を成長産業にすることを目指している。新漁業法は気候変動や取り過ぎで漁獲量が減少傾向なことから水産資源の管理を強化するのが目的である。それと合わせて漁業を魅力ある産業にすることで若者の参入を促すことを目指している。

水産業は国際的には成長産業で儲かる産業である。世界の魚消費量はヘルシー志向や和食人気で増加している。ノルウェーはサーモンを世界に輸出することで漁師は収入が高い人気の職業になっている[15]。

3 食品メーカーによる水産ビジネス

日本の水産食品の消費は食の欧米化の影響を受けて縮小傾向である。他方，海外では水産物の需要が増加している。現在，水産食品メーカーのトップ企業はマルハニチロ（株）である[16]。同社は水産加工品だけでなくピザなどの

冷凍食品からゼリーなど幅広く生産している。また，同社はオーストラリア
やニュージーランドで漁業会社の経営，北米のベーリング海からサケやタラ
などの調達，加工をグローバルに展開している。同社の漁業・養殖セグメン
トは漁業，クロマグロやブリ，カンパチなど付加価値の高い魚の養殖，海外
合弁事業を柱に直接水産資源を調達する。そして，同社は市場の需要に合わ
せて加工して販売する流通システムを構築している。

　業界第2位はニッスイで知られている日本水産（株）である。ニッスイは
食用の水産加工だけでなく，水産資源を医薬品や化粧品の原料として加工す
る事業にも力を入れている[17]。

第5節　おわりに

　国が生鮮物の流通システムを管理運営してきた。しかし，流通環境の変化
とともに伝統的な流通システムが機能しなくなってきたことがわかった。生
産者の農林水産業者は高齢化かつ減少している。消費者は自分のライフスタ
イルに合った生鮮物を自由に選択する時代になった。生産者は消費者に評価
される生鮮物や生鮮加工品を流通させることが求められている（第4章参照）。
　生鮮物は需要が大きい商品なので食品メーカー，卸売業，小売業，外食産
業が積極的に参入して生産から消費者に届けるまでの流通システムの確立に
取り組んでいた。グローバルな視点から生鮮物市場を見ると日本産の青果物，
水産物への評価は高く，需要が大きい。今後は，企業が中心となって生鮮物
の新たな流通システムを開発することが期待されている。

考えてみよう―Review&Discussion―

1. 中央卸売市場のこれからの役割について考えてみよう。
2. 卸売業（荷受）のこれからの役割について考えてみよう。
3. 新しい生鮮ビジネスの展開について調べてみよう。

注

1) 農林水産省（https://www.maff.go.jp/j/pr/aff/1204/spe1_02.html〔検索日：2021年3月28日〕）。

2) 『日本経済新聞』（電子版）2020年6月22日（検索日：2021年2月22日）。

3) JAグループ「JAFACT BOOK ファクトブック2021」（https://org.ja-group.jp/pdf/jafactbook/jafactbook_2021.pdf〔検索日：2021年3月28日〕）。

4) JAグループ「JAFACT BOOK ファクトブック2021」p.13。

5) オイシックス・ラ・大地㈱（https://www.oisixradaichi.co.jp/company/〔検索日：2021年3月28日〕）。

6) 『日本経済新聞』2021年1月29日，第2面。

7) イオンアグリ創造㈱（https://www.aeon.jp/agricreate/company/index.html〔検索日：2021年3月28日〕）。

8) ワタミファーム（http://www.watamifarm.co.jp/about.html〔検索日：2021年3月28日〕）。

9) 農林水産省「コメ流通をめぐる状況」（2008年10月）（https://www.maff.go.jp/j/study/ryutu_system/01/pdf/data8.pdf〔検索日：2021年3月28日〕）。

10) 農林水産省（https://www.maff.go.jp/j/shokusan/sanki/6jika.html〔検索日：2021年3月28日〕）。

11) 農林水産省（https://www.maff.go.jp/j/shokusan/sanki/nosyoko/index.html〔検索日：2021年3月28日〕）。

12) カゴメ株式会社（https://www.kagome.co.jp/company/about/info/torikumi/freshveges/〔検索日：2021年2月21日〕）。

13) 『日経ビジネス』（電子版）「キューピーとJA全農がカット野菜でタッグ」（https://special.nikkeibp.co.jp/NBO/businessfarm/partnership/03/〔検索日：2021年2月22日〕）。

14) 『日本経済新聞』（電子版）2020年6月22日（https://www.nikkei.com/article/DGXMZO60637800S0A620C2QM8000/?unlock=1〔検索日：2021年3月28日〕）。

15) 『日本経済新聞』2020年12月1日，第21面。

16) マルハニチログループ「統合報告書2019」（https://www.maruha-nichiro.co.jp/corporate/sustainability/report/pdf/report2019_01.pdf〔検索日：2021年3月28日〕）。

17) ニッスイ（https://www.nissui.co.jp/group/business/finechemicals.html〔検索日：2021年3月28日〕）。

第 **10** 章

流通と街づくり

【本章のねらい】

　企業は事業活動のために，消費者は生活するために最適な場所を選定したいと考える。流通は企業や消費者に対して必要な商品を届ける大きな役割がある。消費者が生活するために便利な場所は人が集まり次第に街へと発展した。日本は公共交通機関を中心に便利な街が形成され中心市街地には百貨店や商店街が立地していた。

　その後，大型店の出店規制やモータリゼーションとともに商業集積は中心市街地から郊外へと移った。20世紀末からの流通政策の緩和などで郊外に大型ショッピングセンターが相次いで開発され，中心市街地は空洞化した。そこで，国は流通業者同士のコンフリクトを調整するためでなく，街づくりの視点から大店立地法，中心市街地活性化法，改正都市計画法を制定した。これらの法律はまとめて「まちづくり三法」と呼ばれる。

　消費者が生活するために場所を選ぶ基準は職場や学校などへの交通アクセス，日常生活に必要な商品の購入，病院などの生活インフラである。国は消費者が徒歩や公共機関を利用して生活できる範囲に生活インフラが整っているコンパクトシティや最新の技術を活用して交通，自然との共生，省エネルギー，安全安心，資源循環などの項目に取り組むスマートシティに取り組んでいる。

　商業集積や街づくりが変化した結果，地方で生活する消費者を中心に買物弱者やフードデザートが大きな社会問題となっている。社会問題に対する企業や生活協同組合の取り組みを概観する。

キーワード

まちづくり三法，コンパクトシティ，スマートシティ，商店街，ショッピングセンター（SC），アウトレットモール，立地，商圏，買物弱者，フードデザート，買物難民，生活協同組合

第1節　はじめに

　バブル崩壊までの流通政策は大型店舗と中小商業者の調整を目的に実施された。1990年代に入ると経済規制や流通政策が原則自由化の方向に向かい大店舗法は廃止された。その代わりに計画的な街づくりを目指す，大店立地法，中心市街地活性化法，改正都市計画法の「**まちづくり三法**」が施行された。

　第2節は国の流通や街づくりに関する政策がどのように変化したかを概観する。国の政策の目的が流通の調整から街づくりへと大きく転換したことを確認する。そして，国が推進するコンパクトシティとスマートシティの概念について学習する。第3節は商業集積について，商店街，ショッピングセンター，立地と商圏について考察する。

　第4節は商業集積や街づくりが変化した結果，地方で生活する消費者を中心に買物弱者やフードデザートが大きな社会問題となっている。都会で生活する消費者が場所によっては徒歩圏内で食品などの生活必需品が購入できなくなっている。そこで，小売業が中心となってこの社会問題に取り組んでいる事例や消費者が中心となって運営する生活協同組合（生協）について学習する。最後に，フレームワークの視点で流通と街づくりについて現在の課題とこれからの取り組みについて検討する。

第2節　流通政策と街づくり

1　20世紀の流通政策が街づくりに与えた影響

（1）バブル崩壊まで

　20世紀半ば頃までの流通政策は，百貨店と中小小売商業の調整を目的とした。百貨店と商店街の店主たちとの摩擦を防ぐために1937年に第一次百貨店法が成立した。1956年に公布された第二次百貨店法は，百貨店の新設・増設の許可，営業時間や休業日数の制限，営業方法の規制などを制定した。

　その後，日本経済が高度成長時代を迎え，バブル崩壊の1980年代後半まで，日本型総合スーパーの時代が続く。国は1973年に大規模小売店舗法（大店法）を公布して日本型総合スーパーも規制の対象に加えた。大店法はスーパーを含む大型店舗の営業を制限することによって，中小小売商の事業機会を確保しようとした（第2章参照）。

（2）バブル崩壊後

　日米構造協議において米国が大店法の撤廃を要求し大店法の運用は大幅に緩和され各地で大規模なショッピングセンター（SC）が開発された。1998年に国は大型店の規制から転換し，大型店と地域社会との融和の促進を目的とした「大規模小売店舗立地法（大店立地法）」を制定して2000年から施行した。国は「大店法」を廃止して流通政策を大きく転換した。

　国は大店立地法の制定と同時に中心市街地の空洞化を食い止めるために中心市街地の活性化に関する法律（中心市街地活性化法），都市計画の観点から規制を強化するために都市計画法を一部改正した。大店立地法，中心市街地活性化法，改正都市計画法はまとめて「まちづくり三法」と呼ばれる。

2 　コンパクトシティ

　国土交通省は都市の現状と課題として，多くの地方都市が急速な人口減少と高齢化に直面して地域の産業など活力が低下していること，住宅や店舗等の郊外化が進み市街地が拡散して低密度な市街地を形成していること，将来的には拡散した居住者の生活を支えるサービスの提供が困難になる可能性があることを提示している。そして，今後も都市を持続可能にしていくためには都市の部分的な問題への対症療法では間に合わず都市全体の観点からの取り組みを強力に推進する必要があると述べている[1]。

　コンパクトには小さくまとまったという意味がある。したがって，**コンパクトシティ**とは「生活圏が小さくまとまった町」，反対語はスプロール（拡散）になる。日本は高度成長時代に郊外化現象が起こり中心市街地のドーナツ化現象が生じた。郊外化に伴うスプロール化は計画性のない無秩序な開発

をもたらした。そして，中心市街地は都市自体の大きさは変わらずに人口減少による都市内に穴が開き密度が低下するスポンジ化と呼ばれる現象を引き起こした。これらのドーナツ化，スプロール化，スポンジ化と呼ばれる現象は相互に関係して郊外の乱開発と中心市街地の都市機能の低下が同時に進行した。

　地域住民は日常生活を支える機能が失われていく危機に直面している。日本は人口減少と高齢化が進むことから地方都市において地域の活力を維持することが必須の課題である。国は都市の機能を向上させるために，公共交通と連携して住居や商業施設，医療・福祉が小さくまとまった町を意味するコンパクトシティを目指している。

3 スマートシティ

　スマートシティの定義は「都市の抱える諸課題に対してICT（Information and Communication Technology：情報通信技術）等の新技術を活用しつつ，マネジメント（計画，整備，管理・運営等）が行われ，全体最適化が図られる持続可能な都市または地区」である[2]。国は交通，自然との共生，省エネルギー，安全安心，資源循環などに最新の技術を活用するスマートシティ構想を掲げている。スマートシティ構想は地域のポテンシャルや課題を踏まえた街づくりのコンセプトを定めて，持続可能な取り組みを実施して，地域の魅力や価値向上につなげることである。

　日本は上下水道，交通，エネルギー，情報通信，廃棄物処理等の性能や信頼性で優れた技術を持っている。したがって，民間企業が持つAI，基盤ソフトウェア，IoTプラットフォーム等の技術を活用したスマートシティを目指している。

第3節　流通と商業集積

　商業集積とは複数の小売店やサービス業などが集まっている状態を指している。店舗が多く集まることで消費者に対してワンストップ・ショッピング

の機能を果たすことができる。魅力的な商業集積は多くの消費者を引き付けるのでさらに魅力的な店が集まる相乗効果が生まれる。商業集積には自然発生的に生じた商店街と計画的に形成されたショッピングセンターがある。

1 商店街

（1）概要

　日本の商業統計は「小売店，飲食店及びサービス業を営む事業所が近接して30店舗以上あるものを」1つの**商店街**と定義している[3]。商店街の起源は人の往来が多いところに自然に店が集まり賑わい集積化したことである。

　近年，商店街を取り巻く環境は厳しく少子化による人口減少や後継者不足による空き店舗の増加，さらに消費者のライフスタイルの多様化，郊外立地の**ショッピングセンター**との競争など多くの課題に直面している。商店街は個々の商店の集合体である。商店街は共同でアーケード，街路灯設置などの環境整備事業（ハード事業）とイベントや大売り出しなどの経済事業（ソフト事業）を行っている。2018年の調査では商店街の平均店舗数は50.7店であった[4]。

（2）商店街の分類

　平成30年度商店街実態調査（中小企業庁支援事業）は商店街のタイプを4つに分類している。

①近隣型商店街

　最寄品中心の商店街で地元住民が日用品を徒歩または自転車などにより購入する商店街である。同調査では平均42.5店の商店が加盟している。

②地域型商店街

　最寄品および買回品が混在する商店街で近隣型商店街よりもやや広い範囲であることから徒歩，自転車，バス等で来街する商店街である。同調査では平均54.2店となっている。

③広域型商店街

　百貨店，量販店を含む大型店があり最寄品より買回品が多い商店街である。

同調査では平均87.1店である。

④超広域型商店街

　百貨店，量販店を含む大型店があり有名専門店，高級専門店を中心に構成され遠距離から来街する商店街である。同調査では平均132.8店である。

（3）商店街の現状と課題

　1960年代以降の高度成長，モータリゼーションの普及により消費者の交通手段が公共機関の鉄道やバスから自家用車へ変化した。消費者は駐車場が広くて品揃えが豊富な郊外立地の店舗でショッピングを楽しむようになった。消費者が魅力のある店を選択するのは自然なことである。これに大店法の運用緩和や廃止が一気に拍車をかけ，中心市街地に立地する旧態依然とした商店街は衰退した。

　近年，商店街はシャッターを下ろした店舗が軒を連ねてシャッター通りと呼ばれるようになった。現在の商店街の課題は後継者問題，店舗の老朽化，集客力不足，商圏内人口の減少などである。

2 ショッピングセンター（SC）

（1）歴史と定義

　米国で1950年代から住宅の郊外化が始まり，それに伴い大型商業施設のSCが誕生した。日本のSCは1968年開店のダイエーによる香里ショッパーズプラザや1969年開店の高島屋による玉川タカシマヤが最初である。（一社）日本ショッピングセンター協会（JCSC：文京区）の調査によると2019年末での総SC数は3,209で1つのSC当たり平均テナント数は51店である[5]。

　SCはディベロッパーによって人工的に計画された複数の小売店，サービス業そして飲食店等が入居する商業施設である。JCSCはSCについて「一つの単位として計画，開発，所有，管理運営される商業・サービス施設の集合体で，駐車場を備えるものを言う。その立地，規模，構成に応じて，選択の多様性，利便性，快適性，娯楽性等を提供するなど，生活者ニーズに応えるコミュニティ施設として都市機能の一翼を担うものである」と定義している[6]。

　SCはディベロッパーにより計画，開発されるものであり，小売業の店舗面積は1,500㎡以上であること，キーテナントを除くテナントが10店舗以上含まれていること，キーテナントがある場合その面積がSC面積の80％程度を超えないこと，テナント会等があり広告宣伝，共同催事等の共同活動を行っていることなどの基準がある。

（2）SCの分類
　SCは規模によって「スーパー・リージョナル型SC」「リージョナル型SC」「コミュニティ型SC」「ネイバーフッド型SC」などに分類される。さらに，建物の形状からは施設全体が大きな1つの建物になっているエンクローズドモールと店舗がそれぞれ独立しているオープンモールに分かれる。

（3）アウトレットモール
　アウトレットとは「出口」や「販路」などを意味する言葉である[7]。起源は製造業が在庫を処分するために工場や倉庫の一角に設置したアウトレットストアと呼ぶ店舗である。アウトレットは工場から直接出てきたことを意味する。これらのアウトレットストアを複数集めたショッピングセンターがアウトレットモールであり，米国において開発された業態である。
　アウトレットモールにはメーカーが自社商品の在庫を直接販売するファクトリーアウトレットと小売店がメーカーから仕入れた商品を処分するリテールアウトレットの2種類がある。最近はメーカーがアウトレット用に廉価版のブランドを開発して流通させる事例もある。アウトレットモールは高速道路や幹線道路沿いの郊外に立地して広域から集客する。

3　立地と商圏

（1）立地
　立地とは事業を営むために適した土地を選び決めることで，そこに商店や工場などを構えることである。商圏が潜在的な買い手である消費者の地域的な広がりを示すのに対して自店が出店する場所を店舗立地または商業立地と

呼ぶ。有店舗小売業やサービス業が成功するかどうかには立地が大きく影響する。

　立地の主な構成要素は人口，交通手段，商業中心性そして周囲の地理的な環境，たとえば川の存在，川の大きさ，道路の幅などである。このように，小売業の売上高は立地の構成要素から影響を受ける。

　近年，大手小売業を中心に都心立地への回帰現象が活発になっている。ニトリ（札幌市）は都心型の業態店を積極的に開発している。また，イオン（千葉市）は首都圏に小型スーパーマーケットを展開している。両社は郊外の大型店と都心型の小型店の業態を開発して店舗を展開している。

（2）商圏

　商圏とは店舗や商業集積に消費者が来店できる地域的な広がりのことである。商圏は主として何キロメートル範囲というような距離と車で何分，徒歩で何分等の時間で表される。出店するためには商圏の範囲を決めて需要量を人口や世帯数を基準に算出することが重要である。商圏は競合や需要の吸引力を考慮して一次商圏，二次商圏等に細分化して出店可能性，業態戦略，品揃えやマーチャンダイジング計画などの意思決定に役立てる。

　商圏の分析には「ライリーの法則」，「ハフ・モデル」などがある。「ライリーの法則」はAとBの2つの都市においてその中間の都市から吸引する小売販売額の割合は「2都市の人口の比に正比例し，2都市から中間都市までの距離の二乗に反比例する」という経験則である。コンバースはライリーの法則を活用して1つの都市からの商圏分岐点までの距離を算出する公式を導出した。「ハフ・モデル」はある地点の消費者が特定の商業地へ行く確率が「売場面積に比例し店舗までの距離に反比例する」という仮説である[8]。

　商圏の規模は人口が10万人以上の大商圏，5万人から7万人の中商圏，3万人以下の小商圏，1万人前後の極小商圏などに分類される[9]。商圏は距離圏で検討されることが多いが，川や道路の大きさなどの地理的条件や競合店舗の魅力の違いなど多様な要素を含めて複合的に検討される。一般的に商圏は以下のように分類される[10]。

①第1次商圏

　顧客が毎日来店する可能性のある範囲である。通常は徒歩で10から15分程度までの距離である。最寄品を対象にするコンビニやスーパーマーケット，商店街の業種店の多くはこの範囲を商圏と考えている。

②第2次商圏

　顧客が週に1から2回程度の頻度で来店する可能性のある範囲である。自転車や自動車で10から15分程度の距離である。多くの業態がここまでを主力商圏と考えている。郊外型のドラッグストアや近隣型のSCなどの商圏である。

③第3次商圏

　顧客が月に1から2回程度の頻度で来店する可能性がある範囲である。電車や自動車などの交通手段で30から40分程度までが該当する。大都市や地方都市の中心市街地や大型SCの商圏である。

第4節　衰退する地方の流通

1　食料品アクセス問題

　農林水産省は食料品店の減少等に伴い，過疎地だけでなく都市部においても高齢者を中心に食料品の購入に困難を感じる消費者が増えており，食料品の円滑な供給に支障が生じる等の「食料品アクセス問題」が顕在化していることを課題に掲げている。農林水産省はこの課題を解決するためには民間事業者や地域住民のネットワーク等による継続的な取り組みが必要であるが，食料品の安定的な供給等の観点から住民に最も身近な地方公共団体に加えて国においても関係府省が連携して取り組むことが重要だと提示している。

　そして，同省の報告書は人口規模の小さい都市ほど対策が必要だと感じている割合が高いことを提示している[11]。同報告書は対策を必要とする背景として，住民の高齢化，地元小売業の廃業，中心市街地，既存商店街の衰退，単身世帯の増加，公共交通機関の廃止等のアクセス条件の低下，郊外の大規模量販店の影響，助け合いなど地域の支援機能の低下を挙げている。

　対策内容は「コミュニティバス，乗合タクシーの運行に対する支援」「空き店舗対策等の常設店舗の出店，運営に対する支援」「宅配・御用聞き・買い物代行サービス等に対する支援」と続いており，「移動販売車の導入・運営に対する支援」が増加傾向にある。

　対策を必要とする市町村の中で民間事業者が参入している割合は64.9％である。内容では「移動販売車の導入・運営」が「宅配・御用聞き・買い物代行サービス等」を追い抜いた。実施主体の民間事業者の組織は株式会社などの営利団体，生協や協同組合などの割合が高く，大都市ほど株式会社などの営利団体が参入している割合が高い。

2 買物弱者

　経済産業省は人口減少や少子高齢化等を背景とした流通機能や交通網の弱体化等の多様な理由により日常の買物機会が十分に提供されない状況に置かれている人々を**買物弱者**と呼んでいる。健康状態や近くに店がないなどの理由で日常の買い物に不自由を感じている買物弱者の存在が全国で問題となっている。特に地方では人口減少と高齢化，小売店の撤退や廃業などで日々の買い物に困る人が多く，国や自治体は対策を迫られている。日本全国に買物弱者は約700万人いると推計されており前回調査に比べて増加している。

　買物弱者はすでに顕在化している農村・山間部のような過疎地域に加えて，今後都市部などでも顕在化すると予測している。買物弱者への対策は家まで商品を届ける，近くに店を作る，家から出かけやすくするといった基本的な取り組みに加えて，コミュニティの形成，基盤となる物流の改善・効率化の取り組みがある[12]。

3 フードデザート

　フードデザート（Food Desert）とは居住地の周囲に食料品店がなく，生鮮食品などの食料が入手困難であることやそのような地域のことである。フードデザートの問題は小売店の郊外進出と大型店化，それに伴う市街地の衰退が引き起こしたとされる。消費者が自動車などの移動手段を持たない場合

や遠出が困難な高齢者などは食料品が購入できなくて取り残される状況になっている。

　フードデザートに取り残された消費者は栄養価の高い生鮮食品を十分に摂取できない状況になりやすく健康上の問題を招きやすい。日本では都心部，地方の両地域で社会問題となっている。

4　移動販売車での流通

（1）とくし丸

　移動スーパー事業を展開する（株）とくし丸（徳島市）は買物難民を支援するために2012年に設立された[13]。現在はオイシックス・ラ・大地（品川区）の連結子会社となり積極的に移動販売車を活用した事業を展開している。とくし丸は地域のスーパーマーケットと移動販売の契約をする。スーパーマーケットは販売パートナーと呼ぶオーナー経営者（個人事業主）と契約する。オーナー経営者が選択した約400品目1,200点の商品を冷蔵機能付き移動販売車に積載して定期的に地域を巡回販売する。

　とくし丸は移動販売と合わせて地域の自治体や警察署と見守り協定を結び住民に病気などの兆候があれば地域包括センター等に連絡して健康や防犯から守る役割も担っている。2020年9月末時点で135社の地域密着型のスーパーマーケットと連携して稼働台数が614台となっている[14]。

（2）セブン-イレブンの取り組み

　セブン-イレブンの理念「近くて便利」を実現するお届けサービスの内「店舗を移動する」取り組みが「セブンあんしんお届け便」である。2011年から東北地方の被災地2ヵ所を含め全国35ヵ所で展開している。「セブンあんしんお届け便」は地域のニーズに合わせ週4日から7日の販売活動を柔軟に実施する仕組みである。セブン-イレブン本部が移動販売車を加盟店に貸与してガソリン代の80％を負担して支援している。加盟店は店舗での接客以上に利用者との会話を通じてニーズが把握できるため品揃えに反映できる。今後は多様化するニーズに対応して移動販売に限らず配達サービスとも組み合わ

せて店舗ごとに対応する計画である[15]。

5 生活協同組合（CO・OP）

（1）概要

　生活協同組合（生協）は数ある協同組合の1つである。消費者一人ひとり
が出資金を出し合い組合員となり協同で運営，利用する組織である[16]。生協
は商品開発，商品改善，イベント，勉強会などを運営している。また組合員
は宅配，店舗，共済，福祉・介護などを利用している。生協は組合員のさま
ざまな活動を支援することで地域コミュニティの担い手として社会的な役割
を果たしている。大きな取り組みは食の取り組み，環境の取り組み，地域を
つくる取り組み，地域・未来を考える取り組み，産直の取り組みなどである。
それらの活動を通して，生涯にわたる心豊かな暮らし，安心して暮らし続け
られる地域社会，誰一人取り残さない持続可能な世界・日本，組合員と生協
で働く誰もが活き活きと輝く生協，より多くの人々がつながる生協を目指し
ている。

（2）生協の宅配事業

　2020年3月期における生協の宅配供給高は1兆8,340億円で大きな規模で
ある[17]。生協の宅配は毎週同じ曜日の同じ時間に同じ人が届ける仕組みであ
る。組合員は配達時に翌週分の注文用紙を通い箱に入れて提出するかネット
で配達日の翌日昼までに一週間分を注文する。

　利点は一週間前に注文を受けて商品を手配するためにロスと欠品がないこ
とである。定期的に計画的な配送と注文が繰り返されることから事業者，利
用者ともに効率的である。弱点はネットスーパーのような利便性がないこと
である。生協は若年層の取り込みが課題なのでネットでの加入手続きなど改
善を進めている。生協の宅配事業はコロナ禍で大きな役割を果たしているこ
とから少子高齢化が進展する中で生活必需品の流通システムとして期待され
ている。

第5節　おわりに

　本章は流通と街づくりについて考察した。1990年代の大店法の運用緩和の中で郊外にSCが多く開発され中心市街地の衰退が加速した。流通システムが変化した結果，日常生活に必要な商品を購入できない消費者が増加していることがわかった。国はコンパクトシティやスマートシティの構想と同時に食料品アクセス問題や買物弱者・フードデザート問題を重要課題として捉えている。

　食の宅配ビジネスはセンターなどへの巨額投資がないと効率的な運営が難しいので採算ベースに合わすことが課題である。人口が少ない地方や過疎化した地域への流通システムをどのように確立できるかは今後の大きな課題である。さらに，急速に進展する人口減少と高齢化社会の中で郊外に立地する大型SCの今後が注目される。立地は実店舗を前提にした考察である。ネットの場合は商圏としての立地に拘束されないことから違う視点からの考察が必要である。

　　　　　考えてみよう―Review&Discussion―
　1．なぜ中心市街地は衰退したのか考えてみよう。
　2．商店街を活性化する方法について考えてみよう。
　3．スマートシティの将来についてどんな生活になるのか描いてみよう。

注

1）国土交通省「コンパクトシティの形成に向けて」（2015年3月）（https://www.mlit.go.jp/common/001083358.pdf〔検索日：2021年3月28日〕）。
2）国土交通省都市局「スマートシティの実現に向けて（中間とりまとめ）」（2018年8月）（https://www.mlit.go.jp/common/001249774.pdf〔検索日：2021年3月28日〕）。

3 ）経済産業省商業統計（https://www.meti.go.jp/statistics/tyo/syougyo/result-2/
h9/kakuho/ritch/chu-4.html〔検索日：2021年 3 月28日〕）。

4 ）中小企業庁委託事業「平成30年度商店街実態調査報告書」（2019年 3 月）
（https://www.chusho.meti.go.jp/shogyo/shogyo/2019/190426shoutengaiA.pdf〔検
索日：2021年 3 月28日〕）。

5 ）日本ショッピングセンター協会（JCSC）『SC白書〜新しいライフスタイルをリー
ドするSC』（2020）（http://www.jcsc.or.jp/sc_hakusho_digital/index_h5.html#%E3%80%80
〔検索日：2021年 3 月28日〕）。

6 ）日本ショッピングセンター協会（JCSC）（http://www.jcsc.or.jp/sc_data/data/
definition〔検索日：2021年 3 月28日〕）。

7 ）日本ショッピングセンター協会（JCSC）（http://www.jcsc.or.jp/sc_data/sc_
open/outlet〔検索日：2021年 3 月28日〕）。

8 ）清水他（2020, p.200）。

9 ）会田（1994, p.42）。

10）井上・村松（2015, pp.154-155）。

11）農林水産省食料産業局食品流通課「『食料品アクセス問題』に関する全国市町村
アンケート調査結果」（2020年 3 月）（https://www.maff.go.jp/j/shokusan/eat/pdf/
r1kaimonoakusesu.pdf〔検索日：2021年 3 月28日〕）。

12）経済産業省買物弱者応援マニュアルVer.3.0（https://www.meti.go.jp/policy/
economy/distribution/150427_manual_2.pdf〔検索日：2021年 3 月28日〕）。

13）移動スーパーとくし丸会社概要（https://www.tokushimaru.jp/company/〔検索
日：2021年 3 月28日〕）。

14）オイシックス・ラ・大地プレスリリース（https://prtimes.jp/main/html/rd/
p/000000462.000008895.html〔検索日：2021年 3 月28日〕）。

15）経済産業省買物弱者応援マニュアルVer.3.0（https://www.meti.go.jp/policy/
economy/distribution/150427_manual_2.pdf〔検索日：2021年 3 月28日〕）。

16）日本生活協同組合連合会（https://jccu.coop/about/〔検索日：2021年 3 月28日〕）。

17）『激流』2020年12月，pp.22-27。

第 **11** 章

流通の国際化

【本章のねらい】

　本章は流通の国際化，グローバル化を対象とした研究や事例について学習する。流通国際化や小売国際化の研究は国際マーケティングやグローバル・マーケティングの研究を中心に進展した。

　ネスレ（スイス）やP＆G（米国）などに代表される外資系の製造業は早くから日本に進出している[1]。1990年代から国が流通外資への規制緩和を進めると多くの欧米企業が日本市場に進出した。しかし，流通外資は購買力が豊富な日本市場が魅力的であり積極的に進出したが，これまでに多くの企業は撤退を余儀なくされている。世界ナンバーワンの売上高規模の米ウォルマートも現時点（2021年5月）までは苦戦しているようだ。一方で，ファスト・ファッションや米コストコのような業態は日本市場に受け入れられている。

　20世紀の日本は自動車や家電産業に代表される製造業を中心に国際化を進め高度経済成長を成し遂げた（第5章参照）。最近は製造業だけでなく日本の小売業やサービス業が積極的に海外展開を進めている。日本市場は人口減少と少子高齢化が進んでいるので国内市場だけでは成長が期待できないからである（第4章参照）。しかし，現時点で国際化に成功しているのはユニクロやセブン－イレブンなど少数である。

　本章は20世紀後半から現在までの流通外資や日系流通業の国際化について考察する[2]。流通外資は米ウォルマート，英テスコ，仏カルフールなど，日系流通業はイオン，ユニクロ，セブン－イレブンなどの事例を採用する。

キーワード

流通国際化，国際マーケティング，小売国際化，グローバル化，標準化－適応化，流通外資，ハイパーマーケット，EDLP，ECR，アジア通貨危機，ドミナント出店

第1節　はじめに

　流通外資は規制緩和の流れを受けて積極的に日本市場に進出した。日本の企業は国内人口の減少で市場が縮小することから海外進出か新たな需要創造を目指すことが必要になっている（第4章参照）。本章はこのような背景で多くの企業が海外で事業を展開する姿を考察する。

　第2節は**流通国際化**の理論について学習する。企業の国際化を対象とした研究は**国際マーケティング**を基に進展している。流通業の海外展開は主に流通国際化，**小売国際化**などの研究で実施されてきた。第3節は流通外資の日本進出と海外展開について概観する。第4節は日本企業の海外進出についてイオン，ユニクロ，セブン－イレブンなどの事例で確認する。最後にフレームワークの視点で整理する。

第2節　流通国際化の理論

1　流通国際化の接近法（アプローチ）

　企業が国境を越えて活動範囲を拡大する時に国際化や**グローバル化**の言葉が用いられる。国際化は国境の存在を前提とした活動であり，グローバル化は国境を意識しない文字通り地球規模でのボーダレスな行動を意味する。企業が活動範囲を海外に求める場合に国境を意識して本国と進出国の違いに重点を置くか，基本的に地球は1つだと考えるかで採用する戦略が違ってくる[3]。

　さらに，製造業（メーカー）が海外に進出する場合と流通業が海外に進出する場合で前提となる考え方が違ってくる。製造業は工場や生産設備に多額の投資が必要である。流通業は出店する店舗の立地選定や進出市場のニーズを把握することなどが重要になる。製造業が海外展開する活動は主として国際マーケティング研究が理論化してきた。流通業が海外展開する活動は主に流通国際化，小売国際化などの研究が実施してきた。

2　国際マーケティング～製造業の視点

　グローバル・マーケティングは国境を意識していないために標準化戦略を重視して展開する。これに対して，国際マーケティングは本国とは違う市場として捉えることから研究の中心が**標準化－適応化戦略**である。製造業が進出先市場の状況によらずマーケティング活動を共通にする標準化戦略を採用するか，進出先市場の状況に合わせた適応化戦略をとるかが大きな課題である。

　標準化－適応化戦略は二者択一ではなく組み合わせや程度の問題である。国際マーケティングは統制可能要因と統制不可能要因に分けて統制可能要因を組み合わせて国際マーケティング・ミックスを編成する（第5章参照）。製造業が国際マーケティング・ミックスを編成するに際して進出国の市場，流通政策，政治文化，地理や風土などの環境に適応することが課題になる。

3　流通国際化

　小売業の国際化は「小売経営技術を海外移転させること，もしくは国際的な取引関係を確立することであり，それは，規制，経済，社会，文化，小売構造などの国境（障壁）を克服するなどして小売業を自国とは異なる環境の中で成立させるという国際的な統合段階まで小売組織を発展させること」である[4]。

　小売活動は現地での販売，仕入，展開方法，採用や教育など多くの克服すべき課題がある。多くの進出国には独自の商慣習，流通政策，消費者の価値観，購買行動などがある。小売業が進出した国には多様な規制があり本国で確立したノウハウが十分生かされないことが多い。

第3節　流通政策の変化と流通外資の国際化

1　流通外資の日本進出

（1）日本の流通政策

　日本は日米構造協議を通じて米国から「ダンゴー（談合）」「ケイレツ（系列）」が非関税障壁だと指摘された。そして，生産性の低い非効率な会社や業種が存在していてグローバリゼーションでの競争に勝てないと批判された。1990年代に入ると規制緩和と護送船団方式からの脱却が叫ばれこれまでの日本的経営は「金融ビッグバン」や「構造改革路線」により解体された。これにより日本の成長を支えた従来の日本型経済体制は大きく転換した。

　トイザらスの日本進出は規制緩和の象徴的な事例である。1992年1月，トイザらスの日本進出2号店開店日の前日に当時の米国ブッシュ大統領が視察に訪れ大きな話題となった。

　流通外資はメーカー直送体制で低価格販売をするなど伝統的な日本の流通構造や取引慣行と違う流通システムを本国で構築している。多くの流通外資が規制緩和の中で日本市場に相次いで進出したが，カルフールやテスコなどは日本市場からすでに撤退した。小売業売上高世界一のウォルマートは進出からかなりの年数が経過しているが大きな成果は出ていない。

（2）カルフールの日本進出失敗

　カルフールはグローバル化で大きな成果を上げて成長してきたが日本進出は失敗におわった。1999年にカルフールは経営の自由度や利益の確保のために単独で全額出資してカルフール・ジャパンを設立した。

　翌年に千葉県幕張に第1号を出店した後に，2003年までに主力業態のハイパーマーケットを13店舗まで出店する予定であった[5]。しかし，2004年末で関東と関西で合計8店舗にとどまっていた。カルフールの経営者は日本に導入しようとした**ハイパーマーケット**業態は日本型総合スーパーとは異なった

独自性のあるコンセプトだと認識していた。そのため，日本には存在しない独自の業態として市場に受け入れられると考えていた。現実は当初の想定とは違い日本の消費者に受け入れられず，それまでに展開していた店舗をイオンに売却して日本市場から早々に撤退した。

　当時，カルフールは日本市場の不振に加えて本国（仏）での業績不振が続いていた。特に，主力業態のハイパーマーケットの低迷が顕著で既存店の前年割れが続いて業績が落ち込んでいた。欧州では高い失業率とユーロ高が続いており，消費者はスーパーマーケットやハイパーマーケットよりも低価格志向のディスカウントストアへシフトした。このように，国内事業の不振が海外展開を見直す引き金になっており，カルフールは同じ理由でメキシコからも店舗売却により撤退した。

（3）コストコの日本進出成功

　コストコは流通外資による日本進出の成功事例である。コストコは世界11ヵ国・地域に795倉庫店，従業員数27万5,000人，会員数約１億700万人を抱えるグローバル企業で日本国内では27倉庫店を運営している（2020年11月20日現在）。コストコは1976年に米国カリフォルニア州サンディエゴにある飛行機の格納庫を改造して作られた「プライスクラブ」と呼ばれる倉庫店が発祥である[6]。

　1983年に「コストコ」としての最初の倉庫店がワシントン州シアトルに開店した。コストコの企業哲学は「常に経費を節約し，その分を会員の皆様に還元していこう」である。コストコは会員制の基盤と強大な購買力，そして限りない効率化への追求が相まって「会員の皆様への可能な限りの低価格」を実現している。

　コストコの日本での最初の出店は1999年の福岡県久山倉庫店であった。現在，コストコは日本市場に参入して20年以上経過している。開店当初は成果が目標よりも下回っていたために米国で確立した流通システムが日本市場に有効かどうか懐疑的な声が多かった。コストコの店舗オペレーションは世界共通であり品揃えの約４割が海外の商品で構成されているように標準化がベ

ースになっている。コストコの業態が日本市場で受け入れられたのは，今までの日本にはない低価格と新しい提供方法を打ち出したからであろう。

　コストコは2019年12月から会員向けの自社ECを立ち上げている。自社ECでは実店舗とほとんど同じ品揃えを提供している。コストコはさらに自社ECを強化するために物流センターへの投資を進めている。

（4）ウォルマート

　ウォルマートは2002年に日本の小売業売上高第5位（当時）の西友と包括提携して日本進出を果たした。2009年3月にウォルマートは日本で持株会社を設立し西友を100％子会社にした。そして，ウォルマートは西友以外にもM&Aによる新たな投資機会を求める姿勢を打ち出した。2018年10月にウォルマートは楽天と提携して楽天西友ネットスーパーを開始，2020年11月には西友の株式20％を楽天に売却して新たな展開を模索している。

　現状のウォルマートは日本型総合スーパーなどと比べて品揃え面で決して優位ではなく，またディスカウントストアに比べてもコストコのように圧倒的な低価格を打ち出せていない。したがって，現在のウォルマートは独自性が消費者に伝わりにくい。

（5）流通外資の日本市場進出の考察

　本国や他国で人気のある独自の業態やブランドが日本市場に進出しても必ずしも成功できない。その理由は日本国内にも同様の業態や商品（ブランド）が存在しており魅力が十分に消費者に伝わらないからである。一方で，ラグジュアリー・ブランドやファスト・ファッションのように独自性があり日本の消費者に人気がある場合は成功しやすい[7]。

　コストコの成功事例は品揃えや販売方法に新規性があり，新たな業態として日本の消費者に認知されたことが大きな要因である。このことから，国際化において標準化戦略が間違っていないことに留意すべきである。すなわち，進出国の市場環境の状況によってどのような戦略を当初採用するか，また数年経った段階で戦略の見直しをどのように進めるかが本質的な課題である。

2 大手流通外資の国際化の現状

　日本に進出した大手流通外資の米ウォルマート，英テスコ，仏カルフール
の国際化の現状について概観する。世界の小売業売上高ランキングによると，
ベスト10の中に，米国が7社，ドイツが2社，英国が1社となっている（図
表11-1）。4位のドイツ企業のシュヴァルツはハードディスカウンターのリ
ドルを傘下に持っている（第2章参照）。

（1）ウォルマート

　ウォルマートが海外に初進出したのは1991年である。ウォルマートはメキ
シコに現地企業と提携して会員制ホールセール業態の「サムズ・クラブ」を
出店した。その後，ウォルマートは1994年にカナダ，1995年に南米のブラジ
ル，アルゼンチン，1996年にはインドネシアのジャカルタに進出した。そし

図表11-1　世界の小売業売上高ランキングと事業展開国数

単位百万ドル

		本国	小売売上高	グループ売上高	グループ純利益	過去5年間平均成長率	主力業態	事業展開国数
1	ウォルマート	米国	514,405	514,405	7,179	1.6	SuC, SM, DS, MWC, E	28
2	コストコ	米国	141,576	141,576	3,179	6.1	CC, MWC	11
3	アマゾン	米国	140,211	232,887	2,371	18.1	E	16
4	シュヴァルツ	独国	121,581	121,581	不明	7.1	DS	30
5	クローガー	米国	117,527	121,162	3,078	3.6	SM	1
6	ウォルグリーン	米国	110,673	131,537	5,031	8.9	DgS	10
7	ホーム・デポ	米国	108,203	108,203	11,121	6.5	HC	3
8	アルディ	独国	106,175	106,175	不明	6.7	DS	19
9	CVSヘルス	米国	83,989	193,919	不明	5.1	DgS	2
10	テスコ	英国	82,799	84,245	1,718	0.1	HM, SuC, SM	8
13	イオン	日本	71,446	77,121	799	6.5	GMS, SM	14
15	京東	中国	62,875	69,812	▲423	44.1	E	1
19	セブン&アイ	日本	59,101	61,485	1,929	3.9	CVS, GMS, SM	19
32	蘇寧易購	中国	35,156	37,014	1,910	17.5	CE, E	2
52	ファーストリテイリング	日本	19,276	19,300	1,535	13.3	AP	22
67	ヤマダ電機	日本	14,434	14,434	133	▲3.3	CE	5

出所：『ダイヤモンドチェーンストア』2020年8月1日・15日号，p.73。

て，2019年末までに25ヵ国へ進出している。

　しかし，2018年にブラジル，2020年に入ると英国から撤退している。ウォルマートは英国に1999年現地大手小売業のアズダを買収して進出したが，アズダを売却して事実上英国から撤退すると発表した。英国市場はドイツから進出したハードディスカウンター業態のアルディ（Aldi）とリドル（Lidl）が急成長中でアズダは伸び悩んでいた。ウォルマートのEDLP（エブリディ・ロープライス）戦略が通用しなかったことが理由である。

　ウォルマートは西友を完全子会社にしてEDLP戦略を展開したが英国と同様に日本市場から支持されていない。ウォルマートのEDLPは背景にECR（Efficient Consumer Response：効率的消費者対応）と呼ばれる製造・配送・販売（製配販）が一体化して効率化を目指すサプライチェーンのシステムがある。ECRはサプライチェーンに参加する主体すべてにメリットがないと成立しない。ウォルマートは進出国の規制や商慣習に阻まれてECRが構築できないことでEDLPの推進を断念したと推測される。

　今後，ウォルマートはインド市場へ戦略的な投資を集中させる計画である。

（2）テスコ

　英国大手小売業のテスコは2020年3月にタイとマレーシアの事業をタイに本社を置くコングロマリットのC.P.グループに売却すると発表した。テスコは1998年にタイ，2002年にマレーシアへ進出し，2019年2月期では両国の事業で約6,860億円の売上高であった。テスコはすでに日本，韓国そして中国からも撤退している。テスコは2020年12月にアジア事業から撤退する手続きを完了したことを発表した。テスコはアジアから完全撤退することで英国，アイルランド，東欧のチェコ，ハンガリー，スロバキアの計5ヵ国の体制となる。

（3）カルフール

　カルフールは1995年に中国市場に進出して約50都市に大型スーパーを約210店展開していた。しかし，近年はアリババ集団などネット通販の攻勢で業績が低迷していた。カルフールは店舗の老朽化が進みテコ入れには大規模

な投資が必要なことから2019年6月に中国家電量販店最大手の蘇寧易購集団に事業を売却して中国事業から撤退することを決めた。

蘇寧易購集団は家電量販店を約5,000店直営で運営している他にコンビニ「蘇寧小店」を約4,500店展開している。2019年2月には大手百貨店「万達百貨」の約40店舗を買収している。蘇寧は2015年8月にアリババ集団から2割の出資を受けている[8]。

中国市場の流通外資はカルフール以外も厳しい状況が続いている。1996年に中国市場に進出したウォルマートもかつてはカルフールとともに2強として繁栄したが，現在はアリババ集団などのECに押されて苦戦している。中国ではアリババ集団などがネットとリアルを融合させる施策を推進中である。

第4節 日系小売業の海外進出

1 概要

近年，日本の流通業は積極的に海外で事業を展開している。これまでの流通業が海外進出に消極的だったというわけではない。日本の小売業の海外進出の歴史は古いが残念ながら現時点で成功事例は少ない。

百貨店は1960年代に海外渡航自由化による日本人観光客需要を対象に海外進出を推進した。アジアの一部の国では自国の消費者ニーズの高まりを受けて日本の百貨店を積極的に誘致した経緯がある。日本型総合スーパーの海外進出も実施されており国内で基盤を確立した小売業がアジアを中心に国際化を積極的に実施した。

しかし，1990年代に多くの小売業が海外市場から撤退した。この原因はカルフールと同様に本国内のバブル崩壊による業績悪化や**アジア通貨危機**の影響である[9]。この時期までの流通業の海外展開は現地から出店を誘致されるなどの受身の姿勢が強く余裕のある企業が安易に海外展開を推進した。

日系小売業は進出国の市場に日本の卸売業のような高機能の仲介者がいな

いことから日本型のビジネスができなかった。さらに，進出国の多様な慣習や法規制などに制約を受けたことも失敗の原因である。しかし，進出国で競争相手の欧米小売業は同様の環境下でも独自性を発揮して成功してきたことを忘れてはならない。

2　イオンの国際化

　イオンは海外シフトの中でアジア市場を戦略の中心に掲げている。日本ではナンバーワンの売上高を誇るイオンだが国際的にはウォルマートと比較すると大きな差がある。最近の決算ではウォルマート（2019年1月期1ドル108円換算）が売上高約56兆円，純利益約7,200億円なのに対してイオン（2019年2月期）は8兆5,182億円，純利益236億円であった[10]。

　イオンは中国にイオンモールの海外1号店をオープンさせた。現在では北京・天津・山東省（9店），江蘇・浙江（6店），湖北（3店），広東（3店）の4エリアを中心にドミナント出店を展開している（図表11-2）。

　イオンは成長著しい4つのエリアへ集中して出店し各地域でドミナントを形成してきた。この出店戦略がブランディング強化やシェア拡大につながりテナント誘致などでも大きな効果を発揮して競争力のあるモールづくりの推

図表11-2　中国のイオンモール

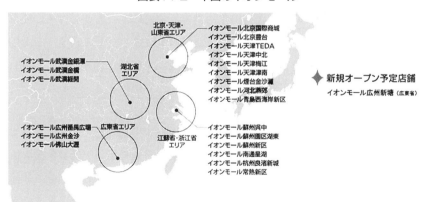

出所：https://www.aeonmall.com/static/detail/china（検索日：2021年6月6日）。

進力となっている。イオンは日本で培ってきた管理，運営ノウハウを生かし
ジャパンクオリティでのモールオペレーションでモールを進化させて集客力
を向上させている[11]。

　イオンは中国の他にアセアンにおいてインドネシア，ベトナム，カンボジ
アの3ヵ国でこれまでに9モールを展開している。各国の大都市の近郊に**ド
ミナント出店**することで地域における優位性を高めるとともに日本的な接客，
日本文化の発信，環境への配慮など商業施設としての新たな価値を打ち出す
ことで進出国の消費者から支持を得ている。ドミナント出店とは，チェーン
店が特定の地域に集中して出店し知名度の向上と配送を効率化することである。

　イオンはアセアンにおいてアジアの中間所得層を取り込む戦略である。東
南アジアでは経済発展とともに消費拡大のけん引役となる中間層の人口が増
加している。中間層は一般に世帯の年間可処分所得が5,000〜3万5,000ドル
程度とされる。この基準で見ると東南アジア主要6ヵ国の中間層人口は3億
人弱存在することになる（図表11-3）。

　また，1人当たり国内総生産（GDP）が3,000ドルを超えるとモータリゼ
ーションが進行する。マレーシアなどのGDPが1万ドルに達した国では教
育サービスやレジャーなどのサービス業も伸びる。

　アセアンの中でも国民の平均年齢が極めて低く，高い経済成長率を維持す

図表11-3　日米中とASEAN各国の比較表（2019年）

国	日本	アメリカ	中国	インドネシア	タイ	マレーシア
平均年齢	47.7	38.2	37.7	30.5	38.1	28.7
1人当たり名目GDP(ドル)	39,305	62,606	9,608	3,871	7,187	10,942
人口（百万人）	126.5	327.4	1395.4	264.2	67.8	32.4

国	シンガポール	フィリピン	ベトナム	ミャンマー	カンボジア	ラオス
平均年齢	34.9	23.7	30.9	28.5	25.7	23.4
1人当たり名目GDP(ドル)	64,041	3,104	2,551	1,254	1,509	2,720
人口（百万人）	5.6	106.6	94.6	52.8	16.3	6.8

出所：CIA統計資料（https://www.cia.gov/library/publications/the-world-factbook/
fields/343rank.html〔検索日：2021年6月10日〕）をもとに筆者作成。

図表11-4　ASEANのイオンモール

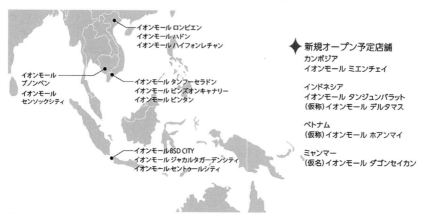

出所：https://www.aeonmall.com/static/detail/china（検索日：2021年6月6日）。

るカンボジアでは首都プノンペンに出店したイオンモールが若者や家族連れ
が集まるスポットとして人気を集めている。ベトナムでは首都ハノイの2店
舗の他ホーチミンエリアで3モールを出店してドミナント展開をしている。
人口2億6,000万人を擁するインドネシアでは首都ジャカルタ周辺に2モー
ルを展開している（図表11-4）[12]。

　イオンの中期経営計画（2021年から25年度）ではアジアシフトのさらなる
加速を掲げている。アジアの小売市場ではデジタルの成長がリアルを上回っ
ていることからリアル店舗網の拡大とデジタル化を同時進行させる計画である。

3　ユニクロの国際化

　ユニクロは中国での直営店舗数が日本を抜いた。ユニクロは中国が13億の
市場規模なのでこれから3,000店舗は出店できると考えている。2021年2月
末の中国大陸の店舗数は800店と日本国内の直営店763店を完全に抜いた（FC
の44店を加えると807店，香港31店，台湾70店を加えると中華圏901店）。
2015年8月末の387店から5年で倍増したことになる。売上高（2019年8月
期）は国内のユニクロが8,729億円，香港や台湾を含めた中華圏の売上高は
5,025億円であった。中華圏での直近3年間の売上高成長率は15％と国内の

３％に比べると高いことからこのペースで進捗すれば2024年８月期には日中逆転する見込みである。中華圏の2019年８月期の営業利益率は17.7％と国内の11.7％を大きく上回っている。

　ユニクロは2018年８月期ですでに中国を含む海外の売上高が国内を上回っている。ユニクロの海外戦略が好調なのはブランドイメージが日本よりも高く，比較的高価格帯の商品でも良く売れるためである。さらに，中華圏ではEC比率が2019年８月期で約20％と日本の約10％を大きく上回っている。ユニクロはECと実店舗の融合を進展させていく戦略である。

　グローバル化が進展する自動車などの製造業は海外売上高比率が国内を上回ることが多い。しかし，内需型のアパレル業界で売上高が逆転することは異例である。現在，ファーストリテイリングは「ZARA」を運営するスペインのインディテックス，スウェーデンのヘネス・アンド・マウリッツ（H＆M）とアパレル業界の中で世界３強の一角を占めるまで成長した。

4　セブン－イレブンの国際化

　セブン＆アイグループ（千代田区）は日本をはじめ世界18の国と地域に約71,800店舗を展開している。セブン－イレブンは2019年12月末時点で米国（ハワイ除く）9,298店，中国（台湾除く）3,156店，台湾5,647店，韓国10,016店，タイ11,712店，フィリピン2,864店，マレーシア2,411店など世界17の国と地域に７万店舗以上展開している。今後，セブン－イレブンはインド，カンボジアに進出予定である[13)]。

　ファミリーマート（港区）の海外店舗数は8,316店舗（2021年２月末），ローソン（品川区）は2,918店舗（2020年２月末）である。

　セブン－イレブンは米国市場へ7-Eleven, Incを完全子会社にして参入した。7-Eleven, Incは売上高の約50％をガソリンが占めている。米国のコンビニはセブン－イレブンが首位であるが，さらに業界３位のスピードウェイ（約4,000店）を買収して足場を固めてさらなる成長を目指している。今後，電気自動車の普及でガソリンの需要は減少する見込みである。その代わりに，セブン－イレブンはECで頼んだ商品の受け取りの拠点に店舗を活用するな

ど新たな展開を計画している。

5　百貨店の海外進出

　百貨店は1958年に高島屋（大阪市）がニューヨーク，1959年に東急（渋谷区）がハワイ，阪急（大阪市）がロサンゼルスに小型店舗を出店した。1962年に西武（千代田区）は地下1階地上4階の本格的な大型店舗をロサンゼルスに出店している。これらの百貨店は日本の伝統的な美術工芸品を販売しようとしたが，残念なことに米国本土への進出は失敗におわった。

　百貨店のアジアへの進出は大丸（江東区）が1960年に香港，1964年にタイへ進出した。1970年代から伊勢丹（新宿区）がシンガポールや香港に進出した。三越（新宿区）は1971年に日本の百貨店として初めてヨーロッパ市場（パリ）に進出した。その後三越に続いて高島屋，大丸，松坂屋もパリに出店した[14]。このように，百貨店は早い時期から積極的に海外へ進出した。しかし，百貨店は日本のバブル崩壊やアジア通貨危機などの影響で見直しを迫られ多くの進出店舗は撤退に追い込まれた。

　1960年代から東南アジアに進出してきた日本の百貨店の中の数少ない成功事例が高島屋のシンガポール店である。高島屋は1993年に開業したシンガポール店を現地企業と組んで収益店舗に育てた。高島屋は現地の消費者に照準を定めて徹底的に現地化を進めた。高島屋は2016年にベトナムのホーチミン，2018年にタイのバンコクに進出して東南アジア市場を強化する計画である。

6　無印良品の国際化

　良品計画（豊島区）は2020年8月末時点で国内無印良品を438店舗，海外でMUJIを527店舗展開している。MUJIはアジアにおいて中国大陸274店舗，香港21店舗，台湾52店舗，韓国40店舗，タイ20店舗など，欧州では英国10店舗，仏国7店舗，独8店舗などを展開中である[15]。

　同社は1991年に香港とロンドンに出店して海外展開を開始した。中国には2005年に進出している。無印良品は中国市場ではブランド商品の位置付けである。中国では無印良品とよく似た低価格帯の生活雑貨チェーン「MINISO

名創優品（メイソウ）」が人気で急成長中である。さらに，ECなどの新規競争相手が多数出現している。

第5節 おわりに

　本章は流通の国際化について小売業を中心に考察した。多くの国は労働集約型の国内産業を保護するために流通外資に対する規制をしている。日本も1990年代に入り規制が緩和されるまでは流通外資の参入が困難であった。多くの流通外資が規制緩和を受けて日本進出を果たしたが，成功する企業と失敗する企業に分かれた。

　大手流通外資は一定の期間内で進出国が自社の強みを生かせる市場かどうかについて判断していた。大手流通外資はグローバルな視点で投資を集中する国と撤退する国を見極めながら迅速に対応し続けていることが確認できた。

　日系流通業は1960年代から積極的に欧米やアジアに進出した。近年，製造業に続いて多くの流通業が海外進出に積極的である。日本市場は人口減少が続き国内市場が縮小するからである。しかし，現在，順調にみえるのはイオン，ユニクロ，セブン－イレブンなど一部の企業だけである。

　国内で好調な業態のドラッグストアやニトリなども現時点では試行錯誤中の段階である。コンビニ業態でもセブン－イレブンは好調だがファミリーマートやローソンは伸び悩んでいるようだ。

考えてみよう―Review&Discussion―

1. なぜ，多くの流通外資は日本進出で成功できないのだろうか考えてみよう。
2. 日系流通業が海外進出で成功するためにはどのような戦略があるのか考えてみよう。

注

1）ネスレは1913年に横浜に支店を開設している（ネスレ日本（https://www.nestle.co.jp/aboutus/global/japan-history〔検索日：2021年3月28日〕））。P&Gは1973年に日本で事業を開始した（P＆G（https://jp.pg.com/profile/〔検索日：2021年3月28日〕））。

2）本章での「国際化」の用語は企業が本国から他の国に進出する活動について意味している。したがって，本章では「国際化」と「グローバル化」の用語の違いはない。

3）渦原（2017, p.151）。

4）渦原（2017, p.151）。

5）ハイパーマーケット（HM）は欧州で開発された総合スーパーの業態でカルフールがその代表である。日本型総合スーパーをワンフロアーにしたイメージである。

6）コストコ（https://www.costco.co.jp/AboutCostco〔検索日：2021年3月28日〕）。

7）ラグジュアリーとは贅沢，華麗，豪華などの意味である。ルイヴィトン，エルメス，ディオールなどが有名である。

8）『日本経済新聞』2019年6月25日，第8面。

9）アジア通貨危機とは1997年に発生した一連の金融，経済危機のことで，タイのバーツを始め東南アジア各国の地域通貨が暴落したことで深刻な不景気になった。タイを中心として発生しインドネシア，マレーシア，韓国などへ波及した。

10）『日本経済新聞』2019年6月25日，第15面。

11）イオンモール海外事業（中国）（https://www.aeonmall.com/static/detail/china〔検索日：2021年3月28日〕）。

12）イオンモール海外事業（ASEAN）（https://www.aeonmall.com/static/detail/asean〔検索日：2021年3月28日〕）。

13）セブン＆アイ（https://www.7andi.com/sustainability/overseas.html〔検索日：2021年3月28日〕）。
　　セブン＆アイHD会社案内（https://www.7andi.com/library/dbps_data/_template_/_res/company/pdf/profile/profile_2020.pdf, https://www.7andi.com/sustainability/overseas.html〔検索日：2021年3月28日〕）。

14）川端（2011, pp.66-71）。

15）良品計画（https://ryohin-keikaku.jp/corporate/overview.html）。

第 12 章

無店舗販売とEC

【本章のねらい】

　小売業が消費者に商品を販売するには実店舗と無店舗の形態がある。20世紀の流通システムは実店舗を前提に考察されてきた。一方で，無店舗販売は伝統的に多様な商品の販売で採用されてきた。近年は，無店舗販売の中の1つの形態にすぎなかったインターネットやSNSを経由した電子商取引（EC）の通信販売が隆盛している[1]。

　マーケティング研究の第一人者であるKotlerは今までの時代をマーケティング2.0と位置付け，これからはマーケティング3.0，4.0の時代だと提示した。Kotlerはデジタル・マーケティングと伝統的マーケティングの融合に向けたアプローチの仕方について述べている。

　生産者はインターネットやSNSによって直接消費者とつながることが可能になった。生産者が外部の流通チャネルを介さずに消費者と直接的なコミュニケーションを図ることがダイレクト・マーケティングである。

　国はEC取引の概要を発表している[2]。国の報告によると日本の2019年度のB to C市場におけるEC化率は6.76%で市場規模は前年比7.65%増であった。EC化率はアメリカが約10%，中国は約35%を超えていることからコロナ禍の中で今後さらに伸長すると考えられる。

　小売業はスマホを活用したショールーミングやウェブルーミングなどの消費者行動に対応するためにオンラインとオフラインの融合に取り組んでいる。本章は，企業がITなどを活用して新たな流通システムを開発する活動を概観する。

キーワード

ECビジネス，無店舗販売，デジタル・マーケティング，顧客体験（CX），ダイレクト・マーケティング，ショールーミング，ウェブルーミング，O2O，オムニチャンネル・マーケティング，OMO，CtoC

第1節　はじめに

　これまでのマーケティングや流通システムの理論は主として実店舗を対象に考察してきた。近年，スマホが市場に浸透してから急速に無店舗の**ECビジネス**が進展している。

　本章は第2節で無店舗販売の販売形態や理論について学習する。**無店舗販売**は商品を販売するための実店舗を持たない小売の方法である。無店舗販売はテレビ，パソコン，SNSなどの情報通信技術の進展とともに多様化している（第2章参照）。そこで，デジタル時代を前提としたマーケティング，ソーシャルメディア時代のコトラーのマーケティング3.0，スマホ時代のマーケティング4.0，そしてダイレクト・マーケティングについて学習する。

　第3節は無店舗販売で急成長する通信販売のEC市場の現状を確認してECの進展とともに出現した新たな流通システムの概念について考察する。第4節は通信販売業態と企業の現状を概観して，最後にフレームワークの視点で整理する。これからの流通システムは顧客の立場からの考察が重要になることを提示する。

第2節　無店舗販売についての研究

　生産者（メーカー）が消費者に商品を届ける形態を流通経路の視点から考察すると直接流通と間接流通がある（第5章参照）。さらに，直接流通の中に有店舗と無店舗による流通システムがある。

1　無店舗販売の諸形態

（1）訪問販売

　販売員が家庭や職場を直接訪問して商品やカタログを見せて販売する方法である。企業が対象とする顧客に直接アプローチして説明ができるので効果的である。訪問販売の代表的な商品は化粧品である。訪問販売は強引な押し

付け販売や悪質な業者による詐欺商法などの被害が出やすい（第5章参照）。

（2）ホームパーティー販売

　ホームパーティー販売は訪問販売の一種である。販売員が友人や知人に呼びかけて顧客の家を会場にパーティー形式で販売する。販売員が顧客と接しながらアットホームな雰囲気の中で商品説明や実演ができるので売り手と買い手の心理的な距離感が縮まる効果がある。近年はスマホの普及で消費者が情報収集する方法が多様化したため伸び悩んでいる。

（3）職域販売

　職域販売は会社などに販売員がカタログや商品を持ち込み販売する方法である。百貨店が企業などとタイアップしてそこで働く社員等に割引販売するケースが代表例である。

（4）配置販売

　配置販売は訪問販売とクレジット販売の要素を併せ持つ販売方法である。伝統的な富山の薬売りに代表される販売方法である。販売者が一定期間で配置した場所に訪問して顧客が使用した商品を補充して代金を回収する。最近では配置販売の便利さが見直されている。

（5）自動販売機

　日本で1960年代後半から急速に普及した販売方法である。酒やたばこなどの青少年に有害な商品が手軽に購入できるなど社会問題化して伸び悩んでいた。自動販売機は無人販売による省力性と狭い場所に設置できる省スペース性，24時間稼働する便利性が消費者に支持されていることから今後の成長が期待できる。

（6）通信販売

　カタログや新聞雑誌などの印刷媒体やテレビ，ラジオの電波媒体そしてイ

ンターネットなどのデジタル技術を使用して顧客に直接商品を提案する方法である。注文は電話やハガキ，ファックス，インターネットなどで受け付ける。

　現在成長中のECについては第3節以下で詳述する。

2　デジタル時代のマーケティング研究

(1) デジタル・マーケティング

　デジタル・マーケティングは伝統的マーケティングや流通が前提とした実店舗を中心とした考え方ではなく実店舗と無店舗のECをシームレスにつなぐ企業活動である。デジタル・マーケティングの目的は消費者個人と良い関係性を構築して最適な**顧客体験（CX）**を提供することである。

　そのためには，企業は顧客の実店舗と無店舗のデータを共有することや多様な接点を持つことが必要である。企業は多様な接点を通して顧客とコミュニケーションしながらデータを収集する。企業はデータを分析して個々の顧客に対して最適な提案活動を行う。したがって，企業はマーケティングの部門内だけでなくシステム，サプライチェーン，支払いなど幅広く他部門と一体になった活動をする必要がある。

(2) コトラーのマーケティングの進展

①マーケティング3.0

　Kotlerはマーケティングが1.0，2.0，3.0と進化してきたと提示している。「マーケティング1.0」は工業化社会を背景とした製品中心の時代の考え方である。「マーケティング2.0」は今日の情報化時代の消費者志向の考え方である。マーケティング2.0はSTPマーケティングを中心に展開された[3]（第5章参照）。

　Kotlerはこれからの時代は「マーケティング3.0」の時代だとして消費者をマインドとハートと精神を持つ全人的な存在として捉えて働きかけることが重要だと提示した。消費者は選択する製品やサービスに機能的・感情的充足ではなく精神の充足を合わせて求めている。企業はこのような消費者に対して自社のミッションやビジョンを明確に打ち出して社会の問題に対してソ

リューション（課題解決）することが必要である。

　マーケティング3.0を可能にするのはIT技術の進展で安価なコンピュータや携帯電話，低コストのインターネット，オープンリソースの登場などである。これらの技術は個人が自己を表現することや他者との協働を可能にした。これらのニューウェーブの技術は消費者が消費するだけでなく創造することを可能にする。アメリカ・マーケティング協会（AMA）は2008年にマーケティングを「消費者，顧客，パートナー，および社会全体にとって価値のある提供物を創造，伝達，流通，交換するための活動，一連の制度，およびプロセス」と定義している。

②マーケティング4.0

　Kotlerは「マーケティング4.0」でデジタル・マーケティングと伝統的マーケティングの融合に向けたアプローチの仕方を述べている[4]。Kotlerはハイテクの時代では人々は人間的な触れ合いを強く求めるようになる。社会的になればなるほど自分だけのものを欲しがる傾向が強くなる。これからのデジタル経済下ではこのようなパラドックス（逆説）を活用することが重要だと指摘している。

　マーケティング4.0は人間中心のマーケティングについて「カスタマー・ジャーニー」を提示している。具体的には，ブランドの誘引力を高める人間中心のマーケティング，ブランドへの好奇心をかき立てるコンテンツ・マーケティング，伝統的メディアとデジタルメディア，オンライン経験とオフライン経験を統合するオムニチャネル・マーケティング，初回購入者を忠実な推奨者にさせるエンゲージメント・マーケティングである。

3　ダイレクト・マーケティング

　ダイレクト・マーケティングは外部の流通チャネルを介さないで直接的な消費者とのコミュニケーションを重視する。これまでのマーケティングは多数の顧客に広告を配信する一方的な方法であった。ダイレクト・マーケティングは売り手と顧客が1対1でコミュニケーションする双方向の手法である。生産者などがECサイトを活用して消費者一人ひとりと直接コミュニケーシ

ョンをとって商品やサービスを販売することである。

　ダイレクト・マーケティングは直接１対１でアプローチできることで必要な情報を的確に伝えることができる。ダイレクト・マーケティングはアパレル，化粧品，金融，保険，自動車など多くの商品の販売で活用できる。特にダイレクト・マーケティングはECが進展する中で積極的に採用されている。

第3節　EC（電子商取引：Electronic Commerce）

1　日本と米中の比較

　ECにはBtoB（産業財）の企業間取引とBtoC（消費財）の企業と消費者間の取引がある。経済産業省（経産省）の2020年７月の調査資料では2019年度のBtoC市場における日本国内のEC市場規模は推定で19兆3,609億円であった。前年の17兆9,845億円から金額は１兆3,764億円増加し伸び率は7.65％である（図表12-1）。物販系のEC化率は日本が6.76％，アメリカが約10％，中国は約35％を超えている。

　日本のBtoCのEC化率が低い原因の１つが食品産業である。食品産業は食品の全体取引額63兆899億円の内，EC取引総額は１兆8,233億円でEC化率は2.89％である。EC化率の低い原因は手に取って鮮度の良い商品を選びたい需要が強く，ECと相性が悪いことや日本はリアルの流通システムが発達していることからニーズが少ないこと，さらにネット事業者の配送料負担な

図表12-1　日本市場のBtoC（消費財）−EC市場規模

	2018年	2019年	伸び率
A．物販系分野	9兆2,992億円 （EC化率 6.22%）	10兆515億円 （EC化率 6.76%）	8.09%
B．サービス系分野	6兆6,471億円	7兆1,672億円	7.82%
C．デジタル系分野	2兆382億円	2兆1,422億円	5.11%
総計	17兆9,845億円	19兆3,609億円	7.65%

出所：経産省調査資料（2020年７月）。

どが挙げられている。

中国は農村部のEC利用がこれから本格化する見込みで市場規模がさらに拡大する。中国ECプラットフォーム事業者の同国内2019年推定シェアでは1位アリババ（Alibaba）55.9％，2位京東（JD.com）16.7％，3位拼多多（Pinduoduo）7.3％の順である。拼多多は2015年の設立だがSNSを取り込んだソーシャル型ECとして急成長中である。

2019年のBtoBの市場規模は推定約353兆円でEC化率は前年から1.5％上昇して31.7％であった。経産省のEC化率にはEDI（Electtonic Data Interchange）による企業間の原材料や部品などの電子商取引も含まれている。

2　EC化率と市場規模

（1）EC化率の高い分野

EC化率が高い分野は事務用品・文房具が41.75％，書籍・映像・音楽ソフトが34.18％，生活家電・AV機器・PC等32.75％である（図表12-2）。事務用品・文房具，書籍・映像・音楽ソフトのEC化率が高いのはアスクル（江東区）やアマゾン（目黒区），生活家電・AV機器・PC・周辺機器等はヨドバシ.comやビックカメラ（豊島区）経由で購入する消費者が多いからである。

EC化率が高い分野の共通点はどこで購入しても同じ品質の商品が安心して届くことである。したがって，消費者は便利に少しでも安く購入しようとする傾向が強い。リアル店舗が中心のヨドバシカメラ（新宿区）はショールーミング化することを避けるために店舗の陳列所品の横にバーコードを設置して自社のECサイトでの購入に顧客を誘導してきた（図表12-2）。

（2）EC市場規模

EC市場規模は衣類・服装雑貨等が1兆9,100億円，生活家電・AV機器・PC・周辺機器等が1兆8,239億円，食品・飲料・酒類が1兆8,233億円となっている。衣類・服装雑貨等が市場規模で1位だが，かつて衣料品はサイズや色，手触りなど実際に着て確かめることが重視されるために生鮮食品と同様にECとは相性が悪いとされてきた。これを克服するために，ロコンド（渋

図表12-2　物販系分野のBtoC-EC市場規模

分類	2019年			2018年		
	市場規模（億円）	昨年比（%）	EC化率（%）	市場規模（億円）	昨年比（%）	EC化率（%）
衣類・服装雑貨等	19,100	7.74	13.87	17,728	7.74	12.96
生活家電・AV機器・PC等	18,239	10.76	32.75	16,467	7.40	32.28
食品・飲料・酒類	18,233	7.77	2.89	16,919	8.60	2.64
生活雑貨・家具・インテリア	17,428	8.36	23.32	16,083	8.55	22.51
書籍・映像・音楽ソフト	13,015	7.83	34.18	12,070	8.39	30.80
化粧品・医薬品	6,611	7.75	6.00	6,136	8.21	5.80
自動車・自動二輪車・パーツ等	2,396	2.04	2.88	2,348	7.16	2.76
事務用品・文房具	2,264	2.76	41.75	2,203	7.57	40.79
その他	3,228	6.26	0.92	3,038	9.31	0.85
合計	100,514	8.09	6.76	92,992	8.12	6.22

出所：経産省調査資料（2020年7月）。

谷区）は原則返品無料で自宅において試着ができるなどの新しいサービスを導入して市場規模を拡大してきた。

　2018年に話題となったZOZOSUIT（採寸ボディースーツ）は今後革新的サービスにつながると期待されている。ZOZO（千葉市）はヤフーを傘下に持つZホールディング（千代田区）に経営統合されてさらなる成長を目指している。

3　コロナの影響

　2020年はEC業界にとっては歴史的転換期である。コロナ禍で非対面式の生活様式が奨励されて巣ごもり消費者や在宅勤務など店員との接触を避けた買い物行動が急激に増加している。あらゆる産業で実店舗のオフラインからオンライン利用へパラダイムシフトが進展中である。今後は実店舗に依存した収益構造を見直す動きが企業の規模や産業にかかわらず加速することからオンラインへの移行が進展するであろう。

　2019年時点ではBtoC取引の約93％が実店舗経由のオフラインでの取引で

あった。事業者はこれまで以上に店舗とECを両立させることが重要になってくる。EC化率を伸ばすには物流の人手不足や効率化の問題解決が必要である。

　日本は少子高齢化社会に入りECの利用促進で社会全体の効率化を進める必要がある（第10章参照）。EC化率を高めることは流通システム全体というよりも社会全体の課題である。EC化率の向上には国やEC業界そして物流業界と一緒に消費者の意識改革が求められる。消費者がECで買い物をした際に時間指定をして再配達をなくすことなど負荷の低減に前向きに取り組む必要がある。

4　定着した新しい購買行動

（1）ショールーミング

　消費者がある商品についてテレビなどの広告を通して関心を持つと情報収集や実物を見て確かめるために近くの店舗に行く。消費者はいくつかの競合商品と比較しながら店員に相談した後に購入する商品を決定する。消費者はネット経由で決めた商品を探し出して一番安い価格で購入する。このように，ショールーミングとは消費者が実店舗をショールームのように見て触って確かめる場所として使用することである。ショールーミングは消費者が実店舗を訪問するがライバル会社で購入することが多い。

（2）ウェブルーミング

　ウェブルーミングはショールーミングとは逆の流れになる。消費者はオンラインで商品の探索や情報収集をして比較などをする。そして，消費者が商品を決めた後で実店舗を訪問してから購入することである。一般的に消費者がウェブルーミングを選ぶ理由は送料が負担になること，商品がすぐに欲しいこと，在庫の確認をウェブですることなどである。

（3）Online to Offline（O2O）

　O2OはSNSやWebサイトのオンラインでのアプローチを通して実店舗な

どのオフラインへ顧客を誘導するマーケティングである。たとえば，企業が顧客のスマホに情報提供することや店舗の近くを通りかかった時にクーポンを送信することなどで，Webサイト上で顧客を店舗に誘導することである。O2Oはオンラインを活用してオフラインの実店舗に顧客を誘導することが主な目的である。逆にオフラインの店舗からオンラインへと誘導するケースもある。

（4）オムニチャネル・マーケティング

　デジタル・マーケティングは実店舗と無店舗のECをシームレスにつなぐ企業活動である。消費者はオンラインとオフラインの間を頻繁に移動しながら明確な切れ目のない一貫性のある情報収集や経験をしながら商品を購入する。

　したがって，企業はオンラインとオフラインの両方で多様な顧客接点を持ちながらマーケティング活動を実施する。伝統的マーケティングはこのような新しい流通については十分な対応ができていない。**オムニチャネル・マーケティング**は顧客との多様な接点を獲得しながらオンラインとオフラインのチャネルを統合してシームレスで一貫性のある顧客体験を生み出す手法である[5]。

（5）OMO（Online Merges with Offline）

　OMOはオンラインとオフラインの融合を表す概念である。OMOは顧客体験の最大化を目指しオンラインとオフラインの垣根を超えて購買意欲を創り出そうとするマーケティングの考え方である

　歴史的には実店舗のオフラインが主力だった時代にオンラインを活用してオフラインに誘導する概念としてO2Oは用いられた。したがって，O2Oは企業側の立場でのオンとオフを使い分けて活用する考え方であるのに対してOMOは顧客の立場から顧客の体験を重視した概念である。

　OMOの事例として消費者が店舗のモニターの前に立って顔や体形をスキャンするとモニター上で簡単に多様な衣服などの試着ができる仕組みがある。店舗スタッフの代わりにAIが自動的にビッグデータを解析して自分に一番

似合う商品を推奨する。消費者が服だけでなくシューズのタグをスマホでスキャンすると自動的にネット上のサイトへ移行してスマホで購入できる仕組みなどである。これらの役割は小売ミックスの人的サービスとして実店舗の販売スタッフが経験によって担ってきた（第7章参照）。小売業者がシステム会社と提携すると顧客が初来店時にアカウント取得と顔認証をするだけで以降の支払いは顔認証だけで済ますことができる。このように顧客はスマホも必要なく便利な買い物やサービスが受けられる時代になってきた。

5　CtoC（Consumer to Consumer）

　CtoC市場はネットオークションのフリマに代表される流通システムである。フリマアプリが登場してからスマホがあれば誰でも簡単に出品できるので市場規模が急激に拡大した。フリマアプリ市場は①総合プラットフォーマー，②アニメ，本，ブランド品，チケット，家電などの特定カテゴリー，③ハンドメイドマーケットに3分類される。①，②はリユースのモノの二次流通を基本とするが，③は作家によるハンドメイド商品の販売である。海外ではハンドメイド商品の取引が盛んであり，今後日本市場でも大きく伸びることが期待されている。

　2019年度のCtoC市場規模は推定1兆7,407億円で前年1兆5,891億円（前年比9.5％）に対して高い伸びである。この統計は個人間だけでなく個人と企業との取引が含まれている。CtoCの今後の課題は売り手（供給者である出品者）の数を増加させることである。プラットフォーマーは売り手を増やすために教室を開催して出品増加を促進している。

　メルカリ（港区）に代表されるフリマアプリは概ね10〜30代の女性が牽引してきた。最近は，テレビでの広告宣伝などで男性ユーザーや高齢者が参加するようになり利用者が拡大した。しかし，その反動として偽ブランドや不適切な出品が社会的な問題になる状況が増えていることから国はCtoC取引の課題を整理して対応を急いでいる。中国のCtoCではアリババ集団のTaobao（淘宝網），リユース市場では同グループの「閑魚：Xianyu」が有名である。米国のネットオークションではeBayが知られている。

第4節　通信販売業態（MO：MAIL ORDER）

1　通信販売業態の現状

　公益社団法人日本通信販売協会（JADMA：中央区）は2019年度の通信販売市場の売上高が前年比8.2％増の8兆8,500億円，前年より6,700億円増加したと発表した（図表12-3）。21年連続して伸びており直近10年間の平均成長率は7.5％である。売上高規模は10年前に比べて約2倍に成長している。通信販売の傾向としてBtoBやモール系のサイトが堅調であること，商材では家電系や趣味・娯楽系が好調なことを挙げている[6]。

　2019年度の通信販売業界の上位10社の売上高合計は3兆2,979億円で市場全体に占める割合は37.1％であった。上位企業の中でシェアを拡大している

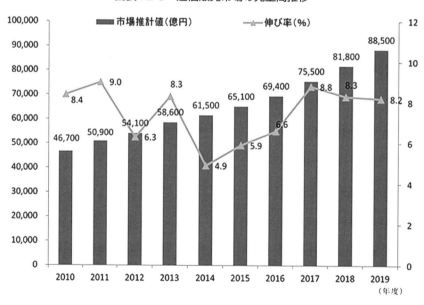

図表12-3　通信販売市場の売上高推移

出所：日本通信販売協会。

のがアマゾンジャパンである。アマゾンジャパンの直近2020年12月期の売上高は27.8％増の2兆1,893億円（1ドル107円換算）であった。近年勢力を拡大しているのが大手家電量販店のECである。大手ECが成長する中で紙媒体中心のカタログ通販会社は苦戦中である[7]。

　国内のモール型EC は通信販売業界の統計資料には含まれていないが楽天（世田谷区）やソフトバンク子会社のZホールディングス（ZHD：千代田区）が売上高を拡大している。

2　アマゾン

　インターネット時代初期の1994年に，ジェフ・ベゾスはアマゾンを設立した。当時のアマゾンのビジョンは全世界で出版されているすべての本を提供するバーチャル本屋を創造することであった。その後，アマゾンはネット書店からネット総合小売業へと拡大，そして現在はクラウドコンピューティング事業へと業容を拡大している。

　アマゾンが日本語サイトを立ち上げたのが2000年である。その後，電子書籍のキンドルを発売，ベゾス個人は米紙ワシントン・ポスト社を購入している。米国ではアマゾンの成長で出版業界，家電業界，衣料品業界など多くが大打撃「アマゾンエフェクト」を受けて伝統的な流通システムが大きく変化した。

　これから，アマゾンが強化する分野の1つが食品流通である。アマゾンは2017年に米国大手スーパーマーケットのホールフーズを買収して本格的に食品流通に進出した。そして，生鮮食品を含むスーパーマーケットの商品を取り扱う「アマゾン・フレッシュ」や無人コンビニの「アマゾン・ゴー」などの新しい店舗を展開中である。

　アマゾンは「アマゾン・フレッシュ」による顧客体験の改善や物流施設でのオペレーションの生産性向上などサービスの基盤となるテクノロジーに継続的な投資をしている。

3　楽天

　三木谷浩史氏は地方の小さな商店がコンピュータやインターネットに強くなくても簡単にネット上に開店できるコンセプトでインターネット・ショッピングモール「楽天市場」を開設した。1997年に三木谷氏が会社を設立した時はインターネットで消費者は商品を買わないと言われた時代であった。

　楽天は文字通り「市場」であり，販売の主役はあくまでも出店者である。楽天は出店者にサービスを提供するビジネスモデルである。現在は楽天グループ内の多様なサービスを有機的に結び付けて回遊性を高める楽天エコシステム（経済圏）構想を掲げている[8]。

　2018年10月に楽天はウォルマートが所有する西友と合同で楽天西友ネットスーパーを開業，2020年11月には西友の株式を20％購入した。楽天は西友をオンラインとオフラインの垣根を超えた購買体験を提供する小売業と位置付けている[9]。

　楽天は携帯電話事業へ進出，日本郵政との提携など積極的な事業を展開している。楽天と日本郵政傘下の日本郵便はすでに物流事業で提携している。三木谷社長はECや金融，新規事業で攻める戦略を実現するために米ウォルマート，中国ネット大手のテンセントと資本関係を結んだと発表している[10]。

4　ヤフー

　1996年にソフトバンク（港区）は日本法人ヤフー（千代田区）を設立した。代表者はソフトバンクの孫正義氏である[11]。ソフトバンクのロゴは坂本龍馬が率いた海援隊の旗がモチーフである。海援隊の旗は時代の一歩先を洞察する思考能力とそれを実現させる実行能力そしてソフトバンクグループが目指す企業活動を表現している。ソフトバンクは多種多様なデバイスが次々に生まれて，すべてのものがインターネットにつながるようになることでテクノロジーによる社会，産業，ライフスタイルの変革を目指している[12]。

　2019年にソフトバンクはヤフーを中心としたＺホールディングス（ZHD）を設立した。ZHDはヤフーのモール型サイト「PayPayモール」に子会社ア

スクルの個人向けECサイト「LOHACO」，TOBにより連結子会社化した
ZOZOの「ZOZOTOWN」を出店した[13]。ZHDは傘下企業の主体性を維持
しながら格好良くて便利なeコマースの未来を創造する方針である。

　2021年3月1日にZHDはLINEとの経営統合が完了したことを発表し
た[14]。ヤフーとLINEは今後ECのアマゾンやアリババに対抗する第三極を
形成するためにスーパーアプリ経済圏を東アジアに展開する構想である。イ
ンドネシアは米ワッツアップ（What App）が強く，微信（ウィーチャット）
を展開する中国のテンセントも東南アジアで存在感を高めている。

　ZHDはLINEをスーパーアプリとして定着させて，傘下企業のEC事業や
通信事業が融合して決済機能などのサービスを飛躍的に向上させる戦略であ
る。この戦略は流通業界に留まらず銀行や証券の金融業界を巻き込んだ社会
システム全体へ大きな影響を与えるであろう。

第5節　おわりに

　流通システムはスマホの浸透とコロナ禍による新たな生活様式の出現で大
きな影響を受けている。生産者の流通経路の視点から見ると無店舗販売は古
くから存在する直接流通の仕組みである。生産者は比較的容易に消費者に直
接流通ができる時代になったことが確認できた。生産者が直接最終消費者と
コミュニケーションをしながら商品を届けるダイレクト・マーケティングが
重要になるであろう。これから主流となる流通システムは顧客が判断するこ
とになる。したがって，オンラインかオフライン，品揃えが多いか少ないか，
価格が安いか高いかなどの事業者側からの考察ではなく顧客側からの視点が
重視される。

　第4章で考察したように，顧客の価値は時代の変化とともに変化すること
を再確認する必要がある。そこで，第13章と第14章はこれまでの考察から視
点を変えて，急速に動き出した新たな潮流に対してどのような変化が流通シ
ステムに起きているのかについて考察する。

考えてみよう―Review&Discussion―

1．なぜ，衣料品のEC化率は上昇できたのだろうか。

2．有店舗（オフライン）の強みと無店舗（オンライン）の強みについて
考えてみよう。

3．なぜこれまで日本ではオンラインが進展しなかったであろうか。

注

1）『ダイヤモンドチェーンストア』（2020年7月1日）の業態別2020ランキング分析
では代表的な9つの業態の統計が集計されている。その中で通信販売（MO：Mail
Order）業態が採用されている。

2）経済産業省商務情報政策局情報経済課2020年7月「令和元年度内外一体の経済成
長戦略構築にかかる国際経済調査事業（電子商取引に関する市場調査）」（https://
www.meti.go.jp/policy/it_policy/statistics/outlook/200722_new_hokokusho.pdf）

3）Kotler他（2010）。

4）Kotler他（2017）。

5）Kotler他（2017, p.207）。

6）日本通信販売協会（https://www.jadma.or.jp/statistics/sales_amount/〔検索日：
2021年4月3日〕）。

7）『ダイヤモンドチェーンストア』2020年7月1日，pp.77-78。『ダイヤモンドチェ
ーンストア』2021年5月1日，p.51。

8）楽天（https://corp.rakuten.co.jp/about/history.html〔検索日：2021年4月3日〕）。

9）楽天（https://corp.rakuten.co.jp/news/press/2020/1116_01.html?year=2020&m
onth=11&category=corp%20ec〔検索日：2021年4月3日〕）。

10）『日本経済新聞』2021年3月13日，1面。

11）ヤフージャパン（https://about.yahoo.co.jp/pr/release/1996/01/11a/〔検索日：
2021年4月3日〕）。

12）ソフトバンク（https://www.softbank.jp/corp/business/〔検索日：2021年4月
3日〕）。

13）Zホールディングス（https://www.z-holdings.co.jp/company/overview/〔検索
日：2021年4月3日〕）。

14）Zホールディングス（https://www.z-holdings.co.jp/special/〔検索日：2021年4
月3日〕）。

第 **IV** 部

流通システムの現状と展望

第13章　変化する流通システム（１）～生産者の視点から

　流通システムの外部環境要因はSDGsやESG投資などへの対応，エネルギー問題や脱炭素化への取り組みである。これらの環境の変化に対する自動車業界，家電業界の動向と企業の対応について概観する。

第14章　変化する流通システム（２）～流通業者の視点から

　現在の流通業者は商流，物流，情報流，資金流の４つの機能を視野に入れた業態開発を進めている。既存の業態間の競争，構成員（生産者，卸売業者，小売業者）間の競争に加えて，物流業者，情報サービス業者，金融業者などの他業界を巻き込んだ競争の渦中に入っていることを確認する。

第15章　出現する新しい流通システム

　現在は生産，流通，消費の区別や組織的な役割の境界が溶解化，融合化して明確でなくなっている。新しい流通システムは「構成員」「商品」「取引方法」の３つの視点と流通の機能の４つの流れ（商流，物流，情報流，資金流）が合流して新しい流れを生み出そうとしている。

フレームワークと各章の関係

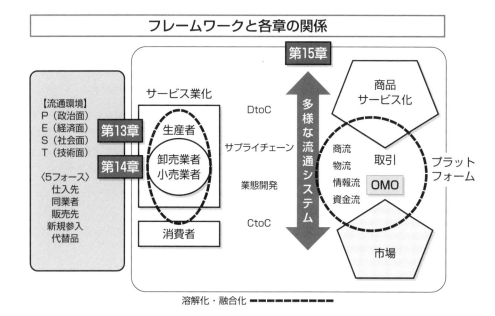

【流通環境】
P（政治面）
E（経済面）
S（社会面）
T（技術面）

〈5フォース〉
仕入先
同業者
販売先
新規参入
代替品

第13章

第14章

サービス業化

生産者

卸売業者
小売業者

消費者

DtoC

サプライチェーン

業態開発

CtoC

第15章

多様な流通システム

商品
サービス化

商流
物流
情報流
資金流

取引

OMO

プラット
フォーム

市場

溶解化・融合化 ━━━━━━━━

第 **13** 章

変化する流通システム（１）
～生産者の視点から

【本章のねらい】

　本書はここまでに第１章で設定したフレームワークの視点で20世紀の流通システムを中心に考察した。これからの流通システムの外部環境要因はSDGsやESG投資などへの対応，エネルギー問題や脱炭素化への取り組みなどである。本章はこれらの環境の変化に対する自動車業界，家電業界の動向と企業の対応について概観する。

　本書は流通システムを「生産者から消費者に至る生産物の社会経済的移転の体系的な仕組み」と定義した（第１章参照）。現在，生産者（製造業）はモノを流通することからモノを継続的に使用する新たな商品を開発してサービス業化を目指している。

　20世紀は流通システムの構成員がそれぞれの立場で商品や提供方法などを工夫しながら業態開発を進めてきた。製造業やECビジネス企業が開発中のプラットフォームが新たな流通システムとして機能することになると生産者，流通業者，消費者の構成員の区別や商流，物流，情報流，資金流の業界の垣根を超えた（溶解化・融合化）新たな時代が到来することになる。

　現在の生産者の動きは1990年代にインターネット時代の到来を見据えてアマゾン，ヤフー，楽天などが新たな流通システムに挑戦してきたことに良く似ている（第12章参照）。20世紀の工業社会の中で大量生産，大量流通を目指した生産者の流通システムがサービス業化へと大きく変化しようとしている。生産者は限られた資源を継続的に使用，利用することで持続可能な社会の実現を目指している。

キーワード

SDGs，ESG投資，脱炭素化，MaaS，プラットフォーマー，リカーリング，サービス業化，シェアリング・エコノミー，サブスクリプション，クラウドファンディング，サービス化

第 **1** 節　はじめに

　流通システムは環境の変化に適応しながら時代とともに動いていく。特に，国が国際的な合意形成に基づき具体的な法律や政策（政権の方針）などで示すと一定の方向に向けてスピードを上げて変化する。

　第2節は現在の流通システムを取り巻く大きな環境変化として，SDGs，ESG投資，脱炭素化への取り組みについて概観する。第3節はこれらの環境変化が自動車業界，家電業界に与える影響と企業の対応について考察する。第4節は製造業のサービス業化への動きについて考察する。最後に，環境の変化が生産者の流通システムに与える影響についてフレームワークを用いて整理し，将来を展望する。

第 **2** 節　大きな環境変化

1　SDGsとは何か

　SDGs（Sustainable Development Goals）は持続可能な開発目標と訳される[1]。SDGsは2015年の国連サミットで「持続可能な開発のための2030アジェンダ」として採択された人間の命や地球環境への取り組みである。世界中には貧困，紛争，食料不足などに直面して苦しんでいる人たちが多くいる。SDGsは地球を大きな船にたとえて17の目標と169のターゲットを設定している。

　これからの社会や消費の主役になるミレニアル世代やZ世代は環境問題や社会貢献への関心が高い（第4章参照）。消費者は企業を倫理的に正しいことをしているのかの視点で選別することになる。したがって，企業は本気でSDGsに取り組んで持続可能性を担保する必要がある。

2 ESG投資

　ESGとは環境（Environment），社会（Social），企業統治（Governance）のことである[2]。環境（E）では気候変動や環境汚染への対策が挙げられる。たとえば，工場で製品を作る過程で発生する二酸化炭素を従来よりも減らす技術を取り入れるといったことが該当する。社会（S）では従業員や取引先の労働環境への配慮，女性管理職の積極的な登用が一例である。企業統治（G）は社外取締役を増やし経営の透明性を高める取り組みなどである。これらの背景には企業の社会的な問題への対策が重視されるようになったことがある。

　投資家がESGの3要素で企業の取り組みを評価し，投資する企業を選ぶことをESG投資と呼ぶ。このように，**ESG投資**は投資家や金融機関が意識的にSDGsの目標と連動した事業に投資しようとする動きである。ESG投資は年金基金など長期の運用をする機関投資家を中心に広がっている[3]。

3 脱炭素化への取り組み

　国際社会は協調して**脱炭素化**に向けた動きを加速させている。脱炭素化の課題はエネルギー問題である。企業は太陽光発電や電気自動車などの技術開発分野の新たなビジネス機会と前向きに捉えることもできる。EUは温暖化対策が不十分な国からの輸入に対して新たな課税などの導入を検討している。国は脱炭素時代に向けて公正な競争環境の整備や標準化を主導すること，企業や消費者は新たな行動様式を意識しながら対応する必要がある。

　米国では100年近く市場の代表銘柄であったエクソンモービルがダウ工業株30種平均から外れた。米国最大の石油メジャーのエクソンモービルはこれまで化石燃料に固執してきたことで環境保護団体の最大の標的になっている。

4 SDGsへの取り組み事例

（1）生産者

①サントリーHD

　サントリーHD（大阪市）は「水と生きる」を方針に掲げている。したが

って，海洋汚染，廃プラスチック，地球温暖化などの環境問題は重要なテーマである。サントリーHDは2030年までに石油由来の樹脂を新たに調達せず，使用済ボトルの再利用と植物由来の樹脂でできたペットボトルに全量代替する方針である。サントリーHDは2030年に世界で販売するペットボトルにはリサイクルとバイオ技術を組み合わせた原料を100%使用すると発表した[4]。

②アサヒグループホールディングス

　アサヒGHD（墨田区）は2025年までに欧州で展開する全17工場で使用電力のすべてを再生可能エネルギー由来に切り替える。アサヒGHDは風力発電が普及し再生エネルギー調達費用が安い欧州で先行して取り組み，2050年には世界の全工場で達成を目指す。アサヒGHDは温暖化ガス問題が炭素税など企業に新たな費用負担を迫っていることから急いで着手する計画である[5]。

③ネスレ日本

　スイスに本社を置くグローバル企業のネスレは世界187ヵ国で事業を展開している。ネスレは「食の持つ力ですべての人々の生活の質を高める」というPurpose（存在意義）を掲げている。ネスレ日本（神戸市）は製品の包装資材を2025年までに100%リサイクル可能，またはリユース可能にするというコミットメントを発表した。ネスレ日本は2020年4月から国立研究開発法人宇宙航空研究開発機構（JAXA）と協働して人工衛星による観測を通じて資源を大事にするエコプロジェクトを推進している[6]。

（2）流通業者

①イオン

　イオン（千葉市）はイオン環境財団を立ち上げてグループ全体利益の1%を供出して多様な社会貢献活動を実施している。イオンは植樹活動を「お客様を原点に平和を追求し，人間を尊重し，地域社会に貢献する」という基本理念を具現化する活動と位置付けている。

　イオンは生態系に配慮した商品調達を意識して資源が枯渇しない原材料や環境に配慮された養殖物を使用している。さらに植物由来の食品を強化して食肉飼育にかかる環境負荷の低減にも取り組んでいる[7]。イオンは「脱炭素

ビジョン2050」を掲げて店舗はCO_2等を2050年までに総量でゼロにする，商品・物流は事業の過程で発生するCO_2等をゼロにする努力を続ける，顧客とともに脱炭素社会の実現に努めることに取り組んでいる。

②セブン＆アイグループ

セブン＆アイグループ（千代田区）は積極的にSDGsに取り組むために「高齢化，人口減少時代の社会インフラの提供」「商品や店舗を通じた安全・安心の提供」「商品，原材料，エネルギーの無駄のない利用」「社内外の女性，若者，高齢者の活躍支援」「顧客や取引先を巻き込んだエシカルな社会づくりと資源の持続可能性向上」の重点課題を掲げている[8]。

③ユニクロ

ユニクロ（山口市）は2001年に社会貢献室を発足させて以来，社会課題を解決するために多様な活動をしてきた。ユニクロは「服のチカラ」で世界を良い方向に変えていく理念を掲げている。ユニクロは社会との調和と持続的な発展を目指し事業を通じた社会課題の解決に取り組んでいる。

環境分野では「気候変動への対応」「エネルギー効率の向上」「水資源の管理」「廃棄物削減と資源効率の向上」「化学物質管理で環境負荷の低減」を進めている。ユニクロは自然豊かな日本のふるさとを次世代につなぐことを大切に考えている。2001年からユニクロは瀬戸内海の美しい自然を守るためにつくられた「瀬戸内オリーブ基金」に賛同して募金活動や従業員ボランティアを実施している[9]。

④イケア

家具世界最大手のイケア（スウェーデン）は循環型社会に対応したビジネスモデルの策定を目指している。イケアは世界で430店以上を展開し2020年8月期の売上高が4兆8,000億円を超える巨大企業である。英国の環境団体は世界の二酸化炭素排出量の内約45％が家具を含めた日用品の生産や使用が原因であると報告している。

イケアは事業で使用する電力を100％再生エネルギーで賄う目標を掲げる「RE100」に初期段階から加わり温暖化対策に積極的である。イケアはこれまでの成長を支えてきた新品の大量生産，大量販売からの転換を模索中であ

る。イケアは2020年11月にイケア初の中古家具の専門店を開業した。2030年までに全商品を再生可能かリサイクル素材で生産しCO_2の排出量を純減させる目標を掲げて取り組んでいる[10]。

⑤伊藤忠商事の環境対応ビジネス

伊藤忠商事（港区）と日立造船（大阪市）はアラブ首長国連邦（UAE）のドバイで世界最大級のごみ焼却発電を受注した。ドバイの家庭から出る一般ごみを燃やした余剰熱で蒸気を発生させて発電する。燃料は100％が一般ごみなので再生可能エネルギーのバイオマス発電に位置付けられる[11]。

伊藤忠商事は仏スエズ社と組んで英国４ヵ所でごみ発電を運営している。東欧のセルビアでも設備を建設中である。伊藤忠商事は世界各国で再生可能エネルギーの導入が進んでいることからごみ発電を重要な市場として位置付けている[12]。

第3節　自動車業界と家電業界の事例

1　自動車業界

（1）エネルギー問題

国は2030年に100％電動化対応車（電動車）にする目標を掲げ，2020年代後半に自動車の排出枠取引制度を導入するための検討に入った。排出枠取引制度はメーカーに電気自動車（EV）などの販売比率目標を設けて届かない場合は達成企業から排出枠を購入することで補わせる考え方である。

電動車とは動力源に電気を使う自動車の総称で，電気自動車（EV）の他に，ハイブリッド車（HV），プラグインハイブリッド車（PHV），燃料電池車（FCV）の計４種類がある[13]。電動車は従来のガソリン車に比べて二酸化炭素の排出量が少ない。電動車は搭載している蓄電池・燃料電池の活用を通じ住居などに電力を供給できるため災害時に非常用の電源として活用できる。

米ゼネラル・モーターズ（GM）は2035年までにガソリン車の生産と販売を全廃し電気自動車（EV）など二酸化炭素を排出しない車に切り替える目

標を発表した。独フォルクスワーゲン（VW）は2025年までに世界販売の2割前後を電気自動車に切り替えるなど欧州メーカーも電動化への取り組みを強めている。日本はHVを中心として電動化を進めさらに水素を使った燃料電池車（FCV）の普及を進めながら脱炭素を進める計画である。

（2）新しい競争相手の登場
①テスラ
　米テスラは電気自動車や蓄電池などを自社で開発，生産，流通販売している。テスラはオンラインを活用した車の流通システムを構築している。さらに，開発した蓄電池を災害用や家庭用に販売する新たな取り組みをしている。テスラは2022年までの年間販売台数が100万台超になるとの見通しを発表した。同社の2020年の世界販売台数は49万9,647台と19年に比べ36％伸びた。2020年12月通期決算は売上高が前年同期比28％増の約3兆2,000億円，最終損益は2010年の上場以降で初めて黒字化した。米国に加えて中国での需要を取り組んだ成果である[14]。
②アップル
　米アップルは電気自動車の「アップルカー」を市場投入する計画である。アップルは自動運転，車載用電池，電子キーなどEV向けと見られる技術をいくつも公表して，現在は発売に向けて生産委託先を検討しているようだ[15]。スマホの浸透は通信技術だけでなく，EC，写真，音楽，映像，ゲームなど多くの業界に多大な影響を与えた。「アップルカー」が実現するとスマホと同じ状況が自動車業界で再現されることになる。
　特に，自動車業界は完成車メーカーが生産，販売を垂直統合的に進める「ピラミッド型」経営モデルを確立している。アップルの生産方法は「水平分業型」で既存業界と違う観点から開発や流通システムを構築する。したがって，自動車業界が長年蓄積した設備投資やノウハウの強みが生かされなくなる。
　アップルは「アップルカー」をスマホと一体化したモバイルのプラットフォームとして膨大なビッグデータを収集する。そして，アップルはAIでデータを分析しながら新たなサービス開発を目指している。小売業はアマゾン

によって大きな影響を受けた。20世紀のオフライン中心の小売業はリアル店舗に膨大な投資をしてきた。オンラインの台頭はリアル店舗に大きな打撃を与えている。自動車業界はアップルの参入によって小売業と同じ影響を受ける可能性がある。

（3）トヨタの戦略

①脱化石燃料

　トヨタ（豊田市）の豊田章男社長は日本自動車工業会（自工会）の会長である。自工会は2050年にカーボンニュートラルを目指す方針を決定した[16]。しかし，その実現には画期的な技術のブレークスルーなどにサプライチェーン全体で取り組む必要があることを提示した。

　二酸化炭素は自動車の走行中や製造過程で化石燃料由来の電気を使用することで排出される。したがって，2050年に自工会がカーボンニュートラルを達成するためには国家のエネルギー政策を大改革することが必要不可欠である。

②モビリティ企業へ

　トヨタはモビリティ企業を目指して「モビリティサービス・プラットフォーム（MSPF）」を推進している[17]。これまで個人が車を購入して使用するのが一般的であった。最近は米ウーバー（Uber）のライドシェアやカーシェアリングなど「MaaS（Mobility as a Service）」と呼ぶ移動サービスが急成長している。車は個人が購入して所有する時代から，公共交通やタクシーでの移動などを含む多様なサービスとの競合関係に移行してきた[18]。

　トヨタがこれらの環境の変化に対応するために打ち出したのがMSPFである。MSPFはライドシェア，カーシェア，レンタカー，タクシーなどのモビリティサービスを提供する事業者に向けて管理・利用・分析など個別の機能を包括した仕組み全体のことである。MSPFは移動のみでなく専用通信機から得られる各車両データを多様なサービス事業者が活用できる**プラットフォーマー**になる構想である[19]。

2 家電業界

（1）ソニー

　ソニー（港区）の2020年度の連結業績はゲームや音楽などのエンターティメント系事業の好調により過去最高の最終利益になった。コロナ禍の巣ごもり需要の取り込みだけでなくこれまでの経営改革によるリカーリング型ビジネスへの転換が実を結んだ。**リカーリング（Recurring）とは**「繰り返される」「循環する」という意味で商品（モノ）を販売しておわりではなく販売後も顧客から継続的に収益を上げるビジネスモデルのことである。リカーリングの原型は電話や電気などの料金体系にあった。リカーリングは定額ではなく使用量によって金額が違うのが特徴である。

　ソニーは主力ゲーム機「プレイステーション（PS）」をオンラインで遊ぶための月額課金やソニーが権利を持つ楽曲のストリーミング再生などリカーリング収入の比率が高くなっている。リカーリングはテレビやゲーム，映画，音楽などのコンテンツとの相乗効果が高い。ソニーは機器を販売しておわりのビジネスから特定領域（ゲームなどのコンテンツ）に特化したプラットフォーマーのビジネスへ大きく転換している[20]。

（2）パナソニック

　パナソニック（門真市）は商品を販売後に購入企業に対して継続的にサービスを販売する仕組みを開発している。パナソニックは顧客企業に対して需要予測から受発注，生産，出荷まで管理できる業務システムなど多様なサービスを提供する[21]。

　パナソニックは消費者向けの家電でも系列店に対して「クラシンク」と呼ぶ定額制の利用サービスを提供している。「クラシンク」は顧客が月額一定料金を支払えば美顔器やスチーマーなど高級美容家電を店舗で数回使用できるサブスクリプションである。パナソニックはモノを販売しておわりのビジネスに加えて新たなサービスを開発して顧客との関係性を強化する計画である[22]。

3 業界の融合化

　製造業の現状の動きの底辺には国際的な政治や経済の動向，脱炭素化や
AI・ビッグデータそして消費者のライフスタイルなどの環境の激変がある。
自動車業界が電動車に本格的に移行すると家電業界との垣根が低くなり，や
がて融合するであろう。そこにアップルに代表されるIT業界が参入すると
車が移動端末化してビッグデータを収集するセンサーになる。IT業界のプ
ラットフォーマーはまったく新しい発想からビッグデータを活用した新しい
サービスを創造するであろう。

　さらに，脱炭素化の流れで太陽光発電などが普及すると電気自動車の蓄電
池が家庭用に普及する。近い将来，家（住宅業界）と車（自動車業界）と家
電（家電業界）が一体化することになる。それぞれの業界がモノを生産して
流通させて取引が完了する時代が終焉して，流通させてからどのように顧客
と継続的な関係性を維持するのかが重要になる。

　製造業はITやECを意識しながら特定領域のプラットフォーマーを目指そ
うとしている。この動きに遅れると消費財完成品メーカーは新たなプラット
フォーマーにその座を奪われることになるからである[23]。

図表13-1　製造業のPEST分析

PEST	項目
政治P	脱炭素化，排出枠取引制度，100%電動化対応車（電動車）エネルギー政策，炭素税
経済E	ESG投資，大量生産・大量廃棄からの転換，シェアリング・エコノミー，サプライチェーン上の人権侵害排除
社会S	SDGsへの対応，消費者のライフスタイル，所有から使用・利用へ，企業のPurpose（存在意義），顧客体験（CX）
技術T	AI・ビッグデータ・ロボット，新エネルギー，プラットフォーム，デジタルトランスフォーメーション（DX）

出所：筆者作成。

第4節　サービス業化する製造業

1　モノからコトへ〜所有から使用・利用へ

　顧客は使用・利用するために物（グッズ・有形財）を購入することで所有権が移転する。かつては消費者が音楽を楽しむためにステレオなどの音響器具や DVD を購入した。自分が魅力的になるために衣服や洋品を購入した。消費者は自分自身のニーズを充足するための手段として物を購入することが必要であったからである。しかし，消費者が「音楽を聴く」「魅力的になる」ことは物を所有することとは関係ない。今の消費者は物を所有するよりも借りることで目的が達成できることが多い。企業側の生産業や流通業の立場からは物の販売から物を使用・利用する権利，すなわちサービスを販売することに移ることになり，その結果「**サービス業化**」現象が生じる。

　モノがサービス化して所有権の移転と切り離して使用，利用される新たな流通システムの取引形態がシェアリングやサブスクリプションである。シェアリング・エコノミーとサブスクリプションは共同利用や定期購読として古くから存在する取引形態である（図表13-2）。

図表13-2　多様な取引形態

取引形態	内容
シェアリング	個人が所有している不動産や自動車などを他人に利用料を決めて貸し出すこと，共同利用
サブスクリプション	月額などの一定料金でサービスを利用できる取引形態「定額制」，新聞等の予約購読
リカーリング	使用量によって金額が違う「従量課金制」，電話や電気などの料金体系

出所：筆者作成。

2 シェアリング

　シェアリング・エコノミーはインターネット上のマッチングにより所有する資産やスキルを他人が使用・利用できるようにする経済の仕組みである。個人が所有している不動産や自動車などを他人に利用料を決めて貸し出すことがシェアリングである。シェアリングは事業者を挟んで提供者と利用者が1対1で取引するのが基本型である。シェアリング事業者が多数の資産を集中管理して会員間でシェアし合うタイプもある。シェアリング事業者はインターネットを通じて顧客の利用データを収集，分析して新規顧客の獲得や既存顧客の継続利用を図ることができる。

3 サブスクリプション

　サブスクリプションは月額などの一定料金でサービスを利用できる取引形態であり，一般に「定額制」と呼ばれる。リカーリングは使用量によって金額が違うことから「従量課金制」である。サブスクリプションは顧客が継続的に一定のサービスを利用し続ける点に大きな意味がある。サブスクリプションは顧客に飽きさせない工夫が必要となり，豊富な品揃えや新たな提案などを継続的に実施することが重要である。

　個人が利用するサブスクリプションは動画配信の米ネットフリックス（Netflix）や音楽配信のスウェーデンのスポティファイ（Spotify）などストリーミングが典型例である。定期的に品物が送付されてくるサブスクリプションボックスのようなタイプもある。新聞等の予約購読も伝統的なサブスクリプションであり，契約期間内に解約しなければ継続的にサービスを受けることができる。トヨタは自動車サブスクリプション「KINTO」を開始した。近年登場したサブスクリプションは自動車，衣服・用品類，子供向けの玩具・絵本など数多い。多様なサブスクリプションが登場しているがアイデア段階が多くどこまで需要があるか定着するかは未知数である。

4　クラウドファンディングの現状

　生産者がECサイトを構築して流通業者（卸売業者や小売業者）を通さず直接ECサイトで消費者に販売する流通システムがDtoCである（第15章参照）。消費者が関心のある商品を生産者と直接つながりながら購入する形態が購入型クラウドファンディングである。これまでの流通は生産者が完成した商品を届けることであった。現在はデジタル化の進展で生産するプロセスに消費者が関わることができる。消費者は自分に近い価値観や世界観を持つ生産者と直接つながることが可能となった。このように，生産者はクラウドファンディングを新しい流通システムとして活用している。

第5節　おわりに

　本章は企業が現在直面する課題を考察して，生産者を中心に現在進行形の動きを概観した。国と民間企業はSDGs，ESG投資，脱炭素化などの国際的課題に本気で取り組んでいる。これからの生産者はモノの生産と流通に加えてサービス化することが不可避であることがわかった。これまでも，企業は政治，経済，社会，技術から多様な影響を受けてきた（第2章，第3章参照）。そして，消費者のニーズに適応するために自社の商品を届ける仕組みを変化させてきた（第4章参照）。

　自動車や家電業界は大きな環境の変化に直面しながらモノを消費者に流通させる視点から直接消費者にコトや体験を提供する**サービス化**に向かっている。モノが「サービス化」して所有権の移転とは切り離して取引される時代には，所有権の移転を伴わない新たなシステムについて考察する必要がある。たとえば，Productはモノ（物）から物語，カスタマー・エクスペリエンス（CX：顧客体験）の視点が重要であると考えられる。生産者は顧客が体験する，心地よさ，驚き，感動，誇らしさなどの感覚的，感情的な顧客の決める価値を重視する必要がある。このように，現在の生産業はモノを生産して届けるビジネスと顧客に直接サービスを届けるビジネスの両方の視点が必要に

なってきた。

　本書の事例は2021年5月頃までの情報をもとに記載した。その後，現在までに新しい動きや情報が公開されているので記載したい。

［農林水産省の「みどりの食料システム戦略」］

　農林水産省は2021年5月にSDGsや環境問題への対応，さらに持続可能な食料供給システムの構築などを目指した「みどりの食料システム戦略」を発表した。たとえば，農薬や化学農法は多くの温暖化ガスを排出していることから有機農業への転換を促して農業の脱炭素化を進める。同戦略の達成には生産者に限らずサプライチェーン全体でのイノベーションが必要である[24)]。

　農林水産省の戦略は第2章で考察したPEST分析の政治面に相当する。そして，第3章で考察した流通環境（ミクロ環境）に影響を与え新たな流通システム「サプライチェーンや業態」が出現するであろう（第9章参照）。

［サプライチェーンと人権］

　日本貿易振興機構（JETRO：港区）は企業活動の中で人権を尊重する関心・要請が国際的に高まっていることを留意するように求めている。日本企業は強制労働などの人権侵害がサプライチェーン上でないか取引先の調査を強化している。企業が人権問題で対応を誤れば原料調達への影響だけでなくブランドイメージが毀損する可能性がある[25)]。

［脱炭素化への取り組みと本質的な課題］

　国は2050年までに国内の温暖化ガス排出量を実質ゼロにするカーボンニュートラル実現の方針を打ち出した。しかし，二酸化炭素の排出を大幅に削減するためにはエネルギーの供給源である電源構成の抜本的な見直しが不可欠である。仮にすべての自動車が電気自動車になっても電気を生産するプロセスで大幅な温暖化ガスが排出されれば意味がないからである。

　国の第6次エネルギー基本計画はゼロエミッション電源の構成比を第5次計画（現行）の44％から2030年までに59％に引き上げる予定である。計画達

成のためにはゼロエミッション電源の再生可能エネルギー（36〜38％），原子力（20〜22％），水素・アンモニア（1％）を実現しなければならない。この計画が達成されないと未達成部分を排出枠取引によって国費拠出で補うことになる[26]。

考えてみよう―Review&Discussion―

1．アップルはEVをスマホと一体化したモバイルとして膨大なビッグデータを収集することで新たなサービスを提供することを目指していると考えられる。どのようなサービスが提供できるか考えてみよう。

2．サブスクリプションやリカーリングは今後成長するか考えてみよう。

注

1）外務省（https://www.mofa.go.jp/mofaj/gaiko/oda/sdgs/about/index.html〔検索日：2021年4月3日〕）。

2）経済産業省（https://www.meti.go.jp/policy/energy_environment/global_warming/esg_investment.html〔検索日：2021年4月3日〕）。

3）年金積立金管理運用独立行政法人（https://www.gpif.go.jp/investment/esg/〔検索日：2021年4月3日〕）。

4）サントリー（https://www.suntory.co.jp/company/csr/philosophy/〔検索日：2021年4月3日〕）。

5）アサヒグループホールディングス株式会社（https://www.asahigroup-holdings.com/pressroom/2020/1029.html〔検索日：2021年4月3日〕）。

6）ネスレ日本（https://nestle.jp/brand/nescafe/nescafe3bai/nescafe-our-planet/〔検索日：2021年4月3日〕）。

7）イオン環境財団（https://www.aeon.info/ef/〔検索日：2021年4月3日〕）。

8）セブン－イレブン・ジャパン（https://www.sej.co.jp/csr/sdgs.html〔検索日：2021年4月3日〕）。

9）ユニクロとSDGs（https://www.uniqlo.com/jp/ja/contents/sustainability/sdgs/index.html〔検索日：2021年4月3日〕）。

10）イケア（https://www.ikea.com/ms/ja_JP/this-is-ikea/people-and-planet/〔検索日：2021年4月3日〕）。

11) 伊藤忠商事（https://www.itochu.co.jp/ja/news/press/2021/210329.html〔検索日：2021年4月3日〕）。

12) 『日本経済新聞』2020年12月22日，第16面。

13) EVは車に搭載したバッテリーに車外から充電して電気で走行する。ガソリンを使わないのでエンジンではなくモーターで駆動する。HVはガソリンエンジンに加えてモーターとバッテリーを搭載する。走行状況に合わせてエンジンとモーターを最適な形でコントロールすることで燃費を向上させる。PHVは燃料にガソリンと電気を併用する。FCVは水素と酸素の化学反応でつくられる電気を使用してモーターで走る。

14) 『日本経済新聞』2021年1月29日，第3面。

15) 『日本経済新聞』2021年1月12日，第4面。

16) カーボンニュートラルとは環境化学の用語である。生産活動で排出する二酸化炭素と吸収される二酸化炭素が同じ量であるという概念である。

17) トヨタ（https://global.toyota/jp/company/vision-and-philosophy/global-vision/〔検索日：2021年4月3日〕）。

18) トヨタ（https://global.toyota/jp/download/14100580/〔検索日：2021年4月3日〕）。

19) プラットフォーマーとは基盤を提供する事業者のことである。インターネット上で大規模なサービスを提供するプラットフォーマーがGAFA（Google, Apple, Facebook, Amazon）である。

20) ソニー2020年度連結業績概要（https://www.sony.com/ja/SonyInfo/IR/library/presen/er/pdf/20q4_sonypre.pdf〔検索日：2021年6月6日〕）。

21) パナソニック（https://news.panasonic.com/jp/press/data/2020/05/jn200520-1/jn200520-1.pdf〔検索日：2021年4月3日〕）。

22) ファミリー電器商会（https://familydenki.co.jp/news/668〔検索日：2021年4月3日〕）。『日本経済新聞』2021年2月11日，第2面。

23) スマホの登場によって流通システムが大きく影響受けているがこの次の波が目前に迫っている。

24) 農林水産省（https://www.maff.go.jp/j/kanbo/kankyo/seisaku/midori/index.html〔検索日：2021年8月18日〕）。

25) 日本貿易振興機構（https://www.jetro.go.jp/biz/areareports/2021/f39016a4cbb47efc.html〔検索日：2021年8月18日〕）。

26) 『日本経済新聞』2021年7月30日，第33面。

第 14 章

変化する流通システム（2）
〜流通業者の視点から

【本章のねらい】

　前章では変化する外部環境が生産業の流通に与える影響について自動車，家電業界を中心に考察した。本章は変化する外部環境が流通業に与える影響について考察しながら将来を展望する。

　小売業は最終消費者に直接商品を届ける役割を持っている。コロナ禍で非対面式の新しい生活様式が急速に浸透した。新しい生活様式は国が率先して誘導していくので既存の流通システムに影響を与える。卸売業や小売業が推進しているのがデジタル化である（第12章参照）。卸売業はサプライチェーンから収集したデータを分析して新しいビジネスモデルへの脱皮を目指している。イオンなどの主要小売業は販売力と情報収集を中心に原料調達の生産段階だけでなく，物流，資金流などを含むサプライチェーン全体を管理しようとしている。

　国内市場は人口減少の影響を受けることが避けられない見込みである（第4章）。立地に制約される実店舗中心の小売業は市場縮小とEC化の影響を受ける。コロナ禍で環境の変化が一気に進展し課題が顕在化した。既存業態で早期に改革が必要なのが百貨店，日本型総合スーパーなどである。現在，成長が鈍化して転換期にあるのは，好調企業が絞られたコンビニエンスストア，家電量販店，衣料品専門店などである（第8章参照）。

　本章は既存業態の中でどんな動きがあるのかについて2020年から2021年春までの企業活動を中心に概観して今後を展望する。

キーワード

> コロナ禍，新しい生活様式，働き方改革，デジタル化，キャッシュレス化，M&A，ビジネスモデル，情報卸，食のSPA化，体験型店舗，オンライン診療

第 1 節　はじめに

　流通業は人口減少とコロナ禍などの流通環境への対応に懸命である。流通業は既存市場の中で既存業態に磨きをかけて売上高や利益高の確保を目指すか，新たな業態を開発するか，同じ業態で未開拓の市場，たとえば新たな国内市場や海外市場に進出するかなどの選択が求められている。

　第 2 節はコロナ禍で新しい生活様式が浸透する中で流通業にどんな影響が出ているのか，そしてどのように対応しようとしているのかについて，第 3 節は小売業がM＆Aを積極的に実施して規模を拡大しようとする動きを概観する。多くの流通業は既存業態を精緻化・深化させながら規模の拡大を進めている。第 4 節は流通業が実施する業態開発の取り組みについて伊藤忠商事（港区），イオン（千葉市），ニトリ（札幌市）などの事例で概観する。流通業は自社に有利な条件交渉，独自の品揃え，商品開発，販売方法の工夫などに取り組み業態開発を進めている。そして，最後にフレームワークを用いて流通業の現状を確認して将来を展望する。

第 2 節　新しい生活様式の影響と対応

1　コンビニ前年割れ

　（一社）日本フランチャイズチェーン協会（港区）はコンビニ大手 7 社の2020年の全店ベースの売上高は10兆6,608億円となり19年対比で4.5％減少したと発表した。年間の全店売上高が前年実績を下回るのは統計を取り始めた2005年以降初めてで，既存店ベースで客数が10.4％減少した。コロナ禍で外出自粛が続きオフィス街や観光地での需要が落ち込んだことが影響した[1]。

　現在，コンビニはトップ 3 社に集約されて大きな転換期に入っている（第8章参照）。セブン－イレブン（千代田区）は国際化と物流機能の強化で現状を打破する計画である。ファミリーマートは伊藤忠商事を中心に外部企業

との連携で購買データ活用や商品開発の強化を図る。ローソンは三菱商事と連携して購買データやデジタル技術を活用した次世代コンビニを開発する。

2 衣料品専門店

（1）紳士服業態

　新しい生活様式，**働き方改革**の普及が衣料品や化粧品など幅広い業界に大きな影響を与えている。紳士服業界はテレワークの普及でスーツ離れが進んでいる。紳士服最大手の青山商事（福山市）は2020年3月期の決算で創業以来初の赤字になった。要因はビジネスウェア事業の不振やアメリカンイーグル事業の整理に伴う損失計上であった。同社はスーツ市場の縮小とコロナの影響で深刻な影響を受けており先が見通せないために中期経営計画を見直すと発表した[2]。

　紳士服業態第2位のAOKIホールディングス（横浜市）はエンターテイメント事業に力を入れている[3]。はるやまHD（岡山市）は理容店やクリーニング店などを入れた複合型の業態開発に取り組んでいる[4]。

　総務省の家計調査（2人以上世帯）によるとスーツへの支出額は1991年がピークで1万9,043円だったが2019年は4,716円まで大幅に縮小している。衣料品市場の中でも，ユニクロやワークマンはコロナ禍でカジュアル化の消費者ニーズに対応しながら成果を上げている。

（2）アパレル卸

　ワールド（神戸市）は百貨店から駅ビル，ショッピングセンターまでアパレル・雑貨を問わず40を超えるブランド，2,400を超える店舗を展開している。これまでは多様なブランドが活用できる販売や生産ネットワークの構築，企画・生産から店舗・顧客までを一気通貫でつなぐ総合基幹システムに投資をしてきた。このプラットフォームは自社グループ内だけでなく外部にも提供してきた。ワールドは2021年3月期決算の予想を売上高1,780億円，営業損失222億円と発表した。同社は構造改革を実施しており希望退職者の募集や不採算店舗の廃止などに取り組んでいる[5]。

オンワードHD（中央区）は欧米，アジア，国内市場で不採算事業からの撤退や規模の縮小，さらに不採算店舗廃止に取り組んでいる。2020年2月期の決算は売上高約2,482億円，営業損失が約30億円であった。同社はEC事業や法人向けの企画販売などは好調に推移していると報道している。同社はコロナ禍で百貨店や駅ビルなどの営業は厳しいとの見込みでグローバル事業の構造改革やデジタル，カスタマイズ，ライフスタイルの3つの分野を成長の柱と位置付けている[6]。

アパレル業界では2020年5月にレナウンが経営破綻した。三陽商会は2015年に英バーバリー社とのライセンス契約が終了して以降，業績低迷が続いている。米国では2020年7月に200年以上の歴史を誇ったブルックス・ブラザーズが経営破綻した。ブルックス・ブラザーズは歴代の米大統領にスーツを提供してきた名門アパレルである。

3 イオンの対応

イオンは**デジタル化**を進めネットスーパーの売上高が前年対比で4割増えている。イオンが目標とするのは米ウォルマートである。ウォルマートは店舗とデジタルを融合させてオンラインとオフラインの双方で売上を伸ばしている。イオンはオンラインとオフラインのチャネルを消費者が自由に選択できる多様な販売方法を提供しようとしている。イオンは「リアル店舗・物販中心」から「店舗・デジタルが融合されたシームレスな体験」へ転換する計画である。

イオンは業態間，リアルとデジタル，製造と小売などの垣根の境界線がなくなりつつある中で「商品」が重要になると考えている。イオンはサプライチェーンの視点で独自価値のある商品を開発，企画，提案するためにPB商品を強化する。

4 新しい生活様式への対応

コロナ禍で外食や旅行などのサービス業界が打撃を受けている一方で，スーパーマーケット，ドラッグストア，ホームセンターなどの業態は業績を伸

ばしている。現在，好調な小売業はユニクロやニトリのような川上から川下までを自社が主体的にコントロールできる製造小売業の業態である。どのような環境下でも小売業は市場の動向を把握しながら消費者ニーズに対応する商品を迅速に売場に品揃えするマーチャンダイジング力が必要である。そのためには企業は内部組織間や他社と連携しながら市場のデータを収集してマーチャンダイジングにつなげるシステムが重要である。

　現在，実店舗中心の小売業はネットの活用，宅配サービスなどに取り組んでいる（第10章，第12章参照）。これまでEC化率が低かった食品においてもネットでの購入比率が高まっており食材宅配サービスも利用者が増えている。

　コロナ禍の大きな環境の変化は「非接触・非対面」への対応である。アパレル業界はオンライン接客，3Dスキャナーやスマホを活用してAIで採寸するサービスなどで消費者のネットショッピングをサポートする仕組みが浸透中である。流通の目的は取引でありそこには決済が伴う。コロナ禍で非対面，非接触により**キャッシュレス化**が進展した。小売業は実店舗での接触を避けながら，オンライン上で積極的な触れ合いを志向する流れが出現している。

第 3 節　M&Aの動き

1 ドラッグストア

　ドラッグストア業態を牽引するのはイオンである。イオンは2014年にTOBによってウェルシア薬局を完全子会社化した。その後，イオンは多くの企業に出資してグループ企業化して現在に至っている（第8章参照）。

　マツモトキヨシHD（松戸市）とココカラファイン（横浜市）は経営統合により株式会社マツキヨココカラ＆カンパニーとなり，国内で1兆円，3,000店舗を有する企業になる。マツモトキヨシHDはドラッグストア・調剤薬局1,755店舗（内調剤取扱店335店舗），ココカラファインは1,444店舗（内調剤取扱店407店舗）をそれぞれ2020年12月末現在，日本全国に展開してい

る。両社はこれまでに統合に向けてPBブランドの相互供給や共同開発を実施してきた。

　経営統合の背景にはスマホ普及によるEC市場の拡大とネットとリアルの融合のデジタル化の進展などのライフスタイルの多様化，少子高齢化の急速な進展と三大都市圏への人口集中などの社会構造の変化への対応がある。さらに業種，業態を越えた競合企業の新規出店，商圏拡大に向けた新たなエリアへの侵攻，M＆Aによる規模拡大，同質化競争，それらが要因の狭商圏化など環境が一層厳しくなっている[7]。

　ドラッグストア業態は各社が独自の業態開発を進めている。大きくは「ヘルス＆ビューティ」の調剤薬局，一般用医薬品，化粧品，食品などを中心として健康や介護などのサービスを目指す方向と食品を強化する「フード＆ドラッグ」である。現時点では，生活必需品の最寄品を実店舗で提供する業態はスーパーマーケット，コンビニエンスストア，そしてドラッグストアの３業態になってきた。

2 ホームセンター

　2005年にカーマ，ダイキ，ホーマックの三社が経営統合して，2006年にDCM Japanホールディングスが設立され2010年６月にDCMHD（品川区）に商号を変更した。DCMは現在までホームセンターを合併しながら運営している（第８章参照）。

　M＆Aの目的は規模の力で日用品や消耗品を安く仕入れることPB開発を進めることである。ホームセンター上場企業のPB比率はコメリ（新潟市）42.4％,ナフコ（北九州市）35.9％,コーナン商事（大阪市）31.6％,DCMHD23.2％で年々増加している。ローカル・チェーンや中堅企業は単独でPB開発ができないので大企業の傘下に入る選択に迫られている。

　ニトリは島忠（さいたま市）の株式をTOBして連結子会社にした[8]。ニトリの目的は島忠が都市部に店舗を展開しておりPB開発や商品構成を変化させることで業績がさらに改善できること，ニトリが新たに都市型店舗の業態開発につなげることなどである。

3　スーパーマーケット

　スーパーマーケットは人口が中長期的に減少する市場の中で売上高維持と労働力確保の課題に直面している。スーパーマーケットはコンビニとは違い多くの企業が日本全国に存在している。近年はドラッグストアと激しい業態間競争に入っている。価格訴求ではドラッグストアの「フード＆ドラッグ」が強いのと新たな競争相手としてネットスーパーの参入がある。

　スーパーマーケットはドラッグストアと同様にイオンが圧倒的なシェアを占めている（第8章参照）。U.S.M.H（千代田区）は2015年にイオンが傘下のマックスバリュ関東，マルエツ，カスミを合併させて2021年3月19日現在で519店舗を展開している[9]。イオンはこれから傘下のスーパーマーケットを段階的に統合する計画を発表している。さらに，イオンはスーパーマーケットの主力である生鮮食品（魚・肉・野菜）の生産から販売まで直接的に取り組む方針である（第9章参照）。

第4節　業態開発の動き

1　卸売業の業態開発

（1）総合商社〜伊藤忠商事

　伊藤忠商事は「商いの次世代化」を目指してデジタルを中心とした生活消費分野への進出に積極的である[10]。伊藤忠商事は消費者に近い領域を中心に多様な業態を手掛ける特徴を生かし，ビッグデータの収集や分析などデジタル化による新たな商社の**ビジネスモデル**を目指している[11]。ビジネスモデルとは一般的に顧客に価値を提供することで利益を上げる活動の仕組みのことである。商社はビジネスモデルを原材料や商品の輸出入の貿易や資源権益などへ投資することから，事業会社に投資して人材を送り込み経営に深く関与することに転換してきた。

　伊藤忠商事は生活消費分野で収集した消費者ニーズを的確に把握して，情

報を生かした商品を最適なチャネルで販売することが競争力のカギだと考えている。近年，EC企業がリアルへ進出する目的は消費財の購買データを取得するためである。その背景として日本の消費者は実店舗で消費財の90％以上を購入しているからである（第12章参照）。伊藤忠商事が中心となってグループ企業から収集した顧客情報や販売情報のビッグデータを分析して傘下の流通グループと連動しながら相乗効果を出す戦略である。

（2）専門商社〜日本アクセス

　伊藤忠商事の戦略を受けて食品卸大手の日本アクセスが「**情報卸**」への脱皮を目指している[12]。同社は食品の総合卸売業として確固たる地位を構築してきた（第6章参照）。日本アクセスは卸がデータのプラットフォーマーになれば物流や商談の効率を高める新たな役割を見出すことができると考えている。

　これまでに卸売業は小売業の物流業務を一括で引き受けてきた経緯がある。物流を運営する関係上商品の受発注のデータはすでに企業間で連動する仕組みを構築している。日本アクセスは小売業から受け取るデータを蓄積して品揃え，商品開発や企画などに活用する計画である。

　小売業はデータを基にした管理運営や商品開発，それに加えて顧客に優れた顧客体験を提供することが求められる。そのためには小売業のパートナーはITサービスを提供するベンダーになる可能性が高い。生産者や流通業者はITベンダーと協働することで自社の強みに特化することができ新たな商品開発，業態開発に専念できる。これからの流通システムはオムニチャネル，OMO，顧客体験（CX）提供の視点が重要になる（第12章参照）。そのために，情報を基軸にした新たな流通の機能（情報流）が求められることになる。

2 イオン

（1）サプライチェーン発想

　イオンは「サプライチェーン発想での独自価値の創造」を成長戦略の柱として掲げている。イオンは「**食のSPA化**」を目指して安全で鮮度の良い原

料の生産，物流，加工，販売まで直接的に関わる方針である。イオンはこれ
までの小売業が生産者や卸売業者に委ねてきた流通システムからの脱皮を目
指している（第9章参照）。

　イオンはトレーサビリティが可能な生鮮食品や有機野菜などを増やし合わ
せてPBのトップバリュを強化する。イオンはPBの売上を現在の2倍以上
の2兆円にする方針である。「食のSPA化」は未踏の領域で原料調達や生産
段階だけでなく物流などを含むサプライチェーン全体を管理する能力が求め
られる。

（2）食品調達一本化

　イオンはグループ企業全体の2023年度の食品調達金額が約4兆円に達する。
現在は日本型総合スーパーのイオンリテール（千葉市）やスーパーマーケッ
トなど傘下の企業がそれぞれで調達している。イオンはグループの仕入を担
う新会社イオン商品調達（千葉市）を設立した。イオンはNB食品メーカー
の商品2兆円を対象に仕入れ業務を一本化する計画である。

　新会社による一括購買の残り半分は自社開発のプライベートブランド（PB）
や生鮮，地場産品などである。これらの商品は従来通りそれぞれで調達し
個性を打ち出す[13]。

3　ファーストリテイリング

（1）情報製造小売業

　ファーストリテイリング（山口市）はECとリアルの融合で「情報製造小
売業」の構築を目指している[14]。情報製造小売業は情報化を基軸にサプライ
チェーン全体を管理運営するモデルである。具体的には商品に付けたICタ
グやEC購買データから売れ筋情報を世界各国から収集する。人工知能（AI）
などが各地の天候や市場動向を加味して分析したデータを商品企画や生産，
物流まで生かし顧客が求める衣服を早く無駄なく生産するSPAの仕組みを
目指す。

（2）OMOへの取り組み

　現在好調な中国市場では実店舗から収集したデータをECの在庫管理や販売面などと連動して一体化して運営している。ネットからの注文は店内の在庫を活用して梱包する。そして，顧客は来店して受け取りか自宅への配送のどちらかを自由に選択できる。この方法はEC専門小売業が物流拠点を設けるのとは違う仕組みである。国内のユニクロはネットからの注文についてはEC専用倉庫からすべて発送するシステムである。日本ではすでに完成したリアル店舗の仕組みが稼働している。したがって，国内ユニクロは後から導入したネットのシステムと既存のリアルの仕組みを分けて運営している。中国ユニクロは日本のような経緯がないので最先端の仕組みを導入できる利点がある。

4　ニトリ

（1）製造物流IT小売業

　ニトリは理念の「住まいの豊かさ」を実現するために，誰もが気軽に買える価格設定と高い品質・機能の両立が必要である。ニトリは従来の製造小売業と呼ばれる事業モデルに物流機能をプラスして「製造物流小売業」と呼んでいた。ニトリのビジネスモデルは商品の企画や原材料の調達から，製造・物流・販売に至るまでの運営をグループ全体でプロデュースする仕組みである。

　ニトリは原材料の調達を商社などに依存していたら品質・機能を伴った価格の実現は不可能だと考えている。さらに，ニトリはグループ会社が全国の店舗に物流している[15]。ニトリはコロナ禍であっても新しい生活様式に適応した商品開発をして順調に進捗している。

　次のステップに向けて，ニトリは自社を「製造物流IT小売業」と位置付けてデジタル化を進めている。ニトリは商品開発，O2Oによるアプリ会員数の増加，EC事業に注力している。そしてECモール構築，OMO施策，個客経営，データ経営等新たなビジネスモデルに向けて取り組んでいる[16]。

（2）業態開発

　ニトリは業態開発にチャレンジしている。ニトリは新しいアパレル業態と

して30代以降の都心の女性をターゲットにした「N＋（エヌプラス）」に取り組んでいる。2019年から本格的に出店を開始して2021年2月で17店舗を展開，早期に100店舗体制にする計画である。

　ニトリが開発した毎日でも立ち寄れるホームファッション店「デコホーム」が2021年2月に106店舗になった。ニトリの強みはコーディネート力や提案力，たとえばベッドを売るのではなく布団や枕カバーなどを組み合わせたライフスタイル提案力である。さらに，ニトリはSPA手法の商品計画から販売までを一元的に管理するマーチャンダイジング力を持っている。

　ニトリは島忠をTOBして首都圏の好立地の店舗網を手に入れた。これからニトリはHCと家具に衣料品を加えた新しい業態を開発する計画である。

5　ヤマダホールディングス

　ヤマダHD（高崎市）は家電をコアとして住宅や家具・インテリア，リフォーム，不動産，保険・金融など，WEBでも店舗でも「暮らしまるごと」のサービスを提供する戦略である。ヤマダは大塚家具（江東区）を子会社化して家電と家具を組み合わせた業態開発を開始した。ヤマダは「家電×家具×インテリア×リフォーム×IoT」戦略を掲げている。ヤマダは家電だけでなく住空間をコーディネートして家電量販店から暮らしまるごと・快適住空間提案ができる業態開発を目指している。

　ヤマダは「YAMADA SELECT」の名前で「品揃え」「価格」「安心」が揃った家電，リフォーム商品，日用雑貨，家具・インテリア等のオリジナル商品のPB開発に力を入れている。さらに，昨今頻発する災害を踏まえ自然災害に特化した保険「ヤマダの災害安心保険」を開発して販売している[17]。

　さらに，2021年7月1日から住信SBIネット銀行（港区）のサービスを利用した「ヤマダNEO BANK」を開始した。今後「ヤマダNEO BANK」で活用できる銀行機能や商品を増やす予定である（資金流）。

　これから，ヤマダはコロナ禍での「巣ごもり消費」に対応するために郊外型や地方での出店を強化する計画である。郊外店舗はネット通販で注文した商品の受取場所や配送拠点としても活用する（物流）。

6 ファンケル

　ファンケルは2020年 8 月に創業40周年を迎えた。その一環として旗艦店「ファンケル銀座スクエア（中央区）」を全面リニューアルした。「美も健康も新しい体験」をキーメッセージとしてデジタル機器やコンテンツを導入した「美と健康」の**体験型店舗**である。ファンケルは個人の健康や肌の状態に合わせたカウンセリングやサービスを拡充した。デジタル機器を活用したセルフチェックで自分に合った化粧品やサプリメントを探すこともできる。また，イベントやセミナーの開催などの多様なコト体験や飲食スペース，特別な顧客に向けた専用ラウンジも用意した。体験型の設備を充実させてブランドや企業コンセプトの発信地としての位置付けを強化する。ファンケルはリアルの接点に重点を置きながら体験の場を重視している[18]。

7 調剤薬局

　オンライン診療は2018年に公的保険の適用が始まった。しかし，対象を糖尿病や高血圧などの慢性疾患に絞ったために普及が遅れていた。国はコロナ禍の臨時措置で2020年 4 月から軽症者らのオンライン診療を追加した。現在は全国約 1 万6,000の医療機関が保険の活用を厚生労働省に届け出ている。

　オンライン診療の課題は診療と薬局との連携であった。大手調剤薬局がビデオ通話などで医師の診察が受けられるオンライン診療を巡って医療機関との連携に積極的である。大手調剤薬局は患者が自宅で医師の診察をオンラインで受けて代金決済や薬の配送を受けられるオンライン服薬指導の仕組みを導入する。患者は自宅からオンラインを活用して診療所で受診する。そして，薬剤師から服薬指導をオンラインで受ける。薬は早ければ翌日宅配されるシステムである。

　全国の調剤薬局は2018年度末時点 5 万9,613店でコンビニよりも多い。しかし，オンライン対応ができる薬局は5,000店程度で全体の 1 割弱である。これまでの薬局は有資格者の確保や店内設計などで他業種からの参入障壁が高く，薬価は公定価格で価格競争が存在しないために立地が重要であった。病院やクリニック周辺で一定の客数があれば経営が成立した。調剤薬局はオ

ンライン対応が普及すると立地に制約されなくなる。これからは薬剤師の質やPBの健康食品などで独自性のある価値を創造することが重視される[19]。

第5節　おわりに

　現在進行形の流通環境の変化はP（政治面）がSDGsや脱炭素化の政策，新しい法律の制定，E（経済面）がグローバル化，ESG投資，S（社会面）が消費者の価値観や新しい行動様式（EC，非対面，顧客体験（CX）），T（技術面）がIT，ビッグデータ，AIなどDXの進展などである。

　流通業はM&Aを活用して規模の拡大を目指し，既存事業を磨きながら新たな業態を開発しようとしていた。流通システムの機能は商流，物流，情報流，資金流である。構成員は生産者，卸売業者，小売業者と消費者である（第1章参照）。現在の流通業者は川上分野（生産者）と4つの機能を独自に管理運営することを視野に入れた業態開発を進めていた。したがって，既存の業態間の競争，構成員（生産者，卸売業者，小売業者）間の競争に加えて，物流業者，情報サービス業者，金融サービス業者などの他業界（補助的構成員）を巻き込んだ競争に入っていることがわかった。

　　　　考えてみよう─Review&Discussion─
1. 紳士服業態が軒並み苦戦する中で，なぜユニクロやワークマンは好調なのだろうか考えてみよう。
2. これからの業態開発で重要なことは何なのかについて考えてみよう。

注

1）　日本FC協会（https://www.jfa-fc.or.jp/particle/320.html〔検索日：2021年4月9日〕）。
2）　青山商事（https://www.aoyama-syouji.co.jp/ir/management/message.html〔検索日：2021年4月9日〕）。

3 ）AOKIアオキホールディングス（https://www.aoki-hd.co.jp/enterprise/entertainment.html〔検索日：2021年4月9日〕）。

4 ）はるやまホット一息ステーション（http://www.haruyama.co.jp/hhs/〔検索日：2021年4月9日〕）。

5 ）ワールド（https://ssl4.eir-parts.net/doc/3612/tdnet/1926084/00.pdf〔検索日：2021 年4月9日〕）。

6 ）オンワードホールディングス（https://www.onward-hd.co.jp/ir/message.html〔検索日：2021年4月9日〕）。

7 ）マツモトキヨシHLDとココカラファインの経営統合契約締結のお知らせ（https://www.matsumotokiyoshi-hd.co.jp/news/data/f17c5af5ab6d7dcfa70c56486d1faf06.pdf〔検索日：2021年4月9日〕）。

8 ）ニトリホールディングスによる島忠公開買い付け（https://www.nitorihd.co.jp/news/items/34cdc2aded674a51903b3542127e67fd.pdf〔検索日：2021年4月9日〕）。

9 ）U.S.M.H（https://www.usmh.co.jp/about〔検索日：2021年4月9日〕）。

10）伊藤忠商事（https://www.itochu.co.jp/ja/ir/doc/annual_report/online2018/generation.html〔検索日：2021年4月9日〕）。

11）伊藤忠商事（https://www.itochu.co.jp/ja/business/ict/project/08.html〔検索日：2021年4月9日〕）。

12）日本アクセス（https://www.nippon-access.co.jp/files/topics/322_ext_01_0.pdf〔検索日：2021年4月9日〕）。

13）『販売革新』2021年6月号，pp.66-67。

14）ファーストリテイリング（https://www.fastretailing.com/jp/about/business/aboutfr.html〔検索日：2021年4月3日〕）。

15）ニトリホールディングス（https://www.nitorihd.co.jp/division/business_model.html〔検索日：2021年4月9日〕）。

16）ニトリホールディングス2021年2月期決算説明会（https://www.nitorihd.co.jp/ir/items/NITORI%20FY2020_4QFinancial%20Report.pdf〔検索日：2021年4月9日〕）。

17）ヤマダホールディングス（https://www.yamada-holdings.jp/company/corp002.html〔検索日：2021年4月9日〕）。

18）ファンケル（https://www.fancl.jp/ginza-square/index.html〔検索日：2021年4月9日〕）。

19）『日本経済新聞』2020年12月9日，第15面。

第 **15** 章

出現する新しい流通システム

【本章のねらい】

　本書は第１章で流通システムを構成する基本的な概念について学習した。流通システムは「誰が（主体：構成員），何を（客体：商品），どこで・どのように（取引方法）」消費者に届けるのかの視点から考察できることを提示してフレームワークを設定した（図表1-1，図表1-3）。

　第２章から第４章では流通の仕組みに影響を与える流通環境について詳述した。第５章から第７章までは「誰が（主体：構成員）」の視点で生産業，卸売業，小売業の立場からマーケティングのアプローチの基本的な概念と理論について学習した。そして，代表的な業界や企業の事例を考察した。現在の流通システムは生産業（メーカー）の管理下から離れて消費者と直接接点を持つ構成員（小売業）が力を持つようになったことを確認した。そこで，第８章は流通システムの川下の小売業が展開する業態化について概観した。業態化は誰に（対象顧客），何を（商品），どこで・どのように（取引方法：市場・提供方法・運営方法）で考察できる（第７章・第８章参照）。

　第９章は何を（客体：商品）の視点から生鮮物の流通の仕組み，第10章と第11章はどこで（市場）の視点から，流通がまちづくりに与える影響，国際化と流通について学習した。第12章はどのように（提供方法・運営方法）の視点から，無店舗販売について学習した。

　流通システムは環境変化の影響を受けながら動いていくが流通の役割や機能は不変である。本章は流通の仕組みを構成する基本概念の視点から新たな動きを捉えて，まもなく市場に浸透する新しい流通システムを展望して本書のまとめとする。

キーワード

OMO，オムニチャネル，ダークストア，DtoC，パーパス（Purpose），顧客体験（CX），フルフィルメント機能，ラース（RaaS），ラストワンマイル，決済システム，キャッシュレス

<h2>第1節　はじめに</h2>

　本章は現在の流通システムがどのような環境変化の中にあるのかを確認しながら（第13章，第14章参照），どのように展望することができるのかについて考察する。

　誰か（主体：構成員）の視点から，生産者は流通システムを主体的に自己完結させるための直接消費者に商品を届ける仕組みを構築している。さらに，資本力のあるメーカーはサービス業化そして特定領域のプラットフォーマーになることを目指している（第13章参照）。卸売業者は消費者や取引企業とのデータを分析して，原料調達から消費者まで管理する新たな流通システムの開発を目指している（第14章参照）。小売業者は製造小売業，情報製造小売業などを目指して，PB開発，OMOなどを展開している（第14章参照）。流通業者がPBに進出することは生産者の機能を担うことになる。さらに，CtoCの流通システムは消費者を買い手（顧客）の立場から与え手（供給者）へと変化させている（第12章参照）。

　何を（客体：商品）は物財の枠組みでは商品を捉えきれない時代になってきた（第1章参照）。生産者や流通業者はモノとしての商品の流通だけでなく消費者に体験や物語を直接提供することを重視している。商品は新たなシェアリング・エコノミーやサブスクリプションのようなサービス化へ向かっている（第13章，第14章参照）。

　どこで・どのように（取引方法）顧客に届けるのかについてはこれまでの実店舗と無店舗，モノとサービス（サービシィーズ），所有と使用（利用）という二項対立的な視点で考察できない時代になってきた。新しく出現したDtoC，CtoC，オムニチャネル，OMOの概念は生産業，卸売業，小売業，消費者の機能を融合して再編成することになる。

　そこで，第2節は世界一のオフラインのウォルマートとオンラインのアマゾンが激突する北米市場で新たに浸透しつつある流通の仕組みについて概観する。第3節は実店舗を中心としてこれまで投資をして発展してきた企業が

実店舗の売場の役割をどのように再定義しようとしているのかについて考察する。第4章は出現する新時代の流通システムについて展望して，最後に本書の残された課題を提示する。

第2節　新しい流通システムの出現と浸透

1 OMO（Online Merges with Offline）への取り組み

（1）オンラインとオフラインの融合

　消費者はITモバイル端末の操作に慣れてスマホを使った購買スタイルが定着した（第2章，第12章参照）。しかし，実店舗は消費者が実際に商品を見て触って確かめられる独自の役割を持つことから需要が完全になくなることはない。したがって，EC業界の各社はOMO（Online Merges with Offline）と呼ばれるオンラインとオフラインを融合させる方向に向かっている（第12章参照）。生産業，卸売業，小売業は複数の流通（販売）経路を持つことが多い。そして，各社は直接消費者とつながるために使いやすいシステムやアプリの開発に力を入れている。

　実店舗で成長した企業はECへ，ECで成長した企業は実店舗へ向けて開発を進めている。このような多様な方法で直接的な接点を顧客と持つことをオムニチャネルと呼んでいる。顧客の立場で便利で快適な環境をオンラインとオフラインを融合して最適化するのがOMOである（第12章参照）。

（2）ウォルマート〜オフラインを基盤にオンラインとの融合へ

　ウォルマートは実店舗中心で世界一の売上高を誇る小売業である。しかし，アマゾンの急成長で強い危機感を持っている。ウォルマートは多様な接点で顧客体験をさらに向上させるために店舗とECをシームレスにつなぐオムニチャネル化やOMOに注力している。たとえば，ウォルマートはECで注文を受けた商品を翌日に配達するサービスを米国全世帯の内75％以上に展開している。さらに，消費者がECで商品を注文して当日中に店頭や駐車場，指

定した場所で受け取ることができるサービスを拡大させている。

　ウォルマートは不採算店舗を閉鎖してECのセンターとしてのフルフィルメント機能（注文を受けた商品を収集して出荷できるようにすること）に特化した施設に改装している。このような機能に特化した店を「**ダークストア**」と呼ぶ[1]。ウォルマートはアマゾンなどのECへの対抗手段として既存の店舗を有効利用する方針である。ウォルマートは実店舗を中心としたシステム開発と同時に物流インフラに対しても最新式のシステムを次々に導入している。

（3）アマゾン～オンラインを基盤にオフラインとの融合へ

　アマゾンはデジタルテクノロジーを活用した新しい流通の仕組みに取り組んでいる。たとえば，アマゾンは無人レジのコンビニ「アマゾン・ゴー」を展開している。店内にカメラやセンサーを配置して，AI，ディープラーニング（深層学習）を活用，顧客はスマホの専用アプリで入店，支払いを済ませる「ジャスト・ウォークアウトテクノロジー」の最先端技術を導入している[2]。

　一方で，アマゾンはオンラインを基盤としながら2017年に自然食品スーパーマーケットのホールフーズ・マーケットを買収，実店舗の本屋のアマゾン・ブックスを展開している。アマゾンは2019年に実店舗のドラッグストア業態大手の米ライトエイド社と提携して，2020年11月にはオンライン薬局「アマゾン・ファーマシー」を開設した。米国の薬局市場は約36兆7,500億円であり実店舗のドラッグストアが強い。「アマゾン・ファーマシー」は24時間薬剤師が相談に対応する。米国内に住むアマゾンのプライム会員は調剤薬をオンラインで注文して2日以内に配送費無料で受け取ることができる（第14章参照）。

　両社はOMOの強化といってもオフラインからスタートしたウォルマートと，オンラインからスタートしたアマゾンでは目指す方向が違っているようだ。

2 DtoC（Direct to Consumer）

（1）伝統的流通システムとDtoCの違い

　生産者がECサイトを構築して流通業者（卸売業者や小売業者）を通さず直接ECサイトで消費者に販売する流通システムが**DtoC**である。DtoCはデジタルチャネルを活用しながら売り手が顧客と積極的に直接コミュニケーションをとる流通システムである。

　これまでの生産者は卸売業者へ商品を流通させることで販売を委託してきた。DtoCは伝統的な流通システムとは違い自社サイトの運営，自社サイトへの集客活動，顧客対応そして受注から配送までを管理する必要がある。生産者が自分たちの商品の価値を直接消費者に届けることで流通業者やECプラットフォーマーへ依存しない流通を目指している。ECサイト運営において最も難易度が高いのが集客である。さらに，実店舗を中心として展開してきた小売業はECビジネスに対抗するために積極的に売場を活用しようとしている。

（2）米国市場のDtoC

　近年，消費者は企業または提供する商品（ブランド）の目的（Purpose：パーパス）や理念を理解したうえで商品を購入したいと考える人が増えている。企業や商品のネームバリューや見た目，価格ではなく，商品のサステナビリティ，製造プロセスの透明性，創業者の想いなどを含む世界観に共感して商品を選ぶ傾向が強まっている（第13章参照）。ブランドは直接顧客とつながることで必要な情報をダイレクトに届けることができる。

　DtoCの最先端が米国市場である。成熟市場とされる米国の歯磨き粉ブランド「ハロープロダクツ（Hello Products）」は日用品をフレンドリーな商品にする**パーパス（Purpose）**を理念として顧客の共感を獲得している。衣料品の米エバーレーン（Everlane）は徹底的な透明性を掲げて商品ごとに材料費や人件費などすべての経費を公開している。このように成功するブランドは消費者に訴えるパーパスを実現するメッセージを持っている。DtoCの特長

はコモディティ化された既存市場において新たな価値観や選択基準を直接ユーザーに伝え買い物をより楽しくする**顧客体験（CX）**を提供することである。

　ウォルマートはOMOへの取り組みと同時にDtoCのブランドを積極的に買収している[3]。ウォルマートはDtoCブランドのノウハウを吸収して独自にDtoC型のプライベート・ブランドを開発した。ウォルマートは独自性の高い品揃えを強化することで商品面の差異化でECに対抗しようと懸命である。

　ナイキはアマゾン経由の販売を打ち切った[4]。アマゾン経由の流通では自社のブランドの価値が十分に伝わらないことやアマゾンのようなECプラットフォーマーに依存した流通からの脱却が目的である。今後，ナイキのようなブランド力があり独自の世界観を重視する生産者はDtoCの流通システムを目指すであろう。

（3）DtoCのメリットと課題

　従来の流通システムは卸売業や小売業などの流通業者が介在するため中間マージンや手数料などの諸経費が発生する。DtoCは流通業者の手数料が発生しないため利益率が向上する。商品の販売価格を引き下げることも可能となり多くの消費者に商品を購入してもらえる可能性が高くなる。

　DtoCは消費者の反応や意見をダイレクトに受け取ることができる。DtoCは自社内での販売チャンネルであるため，何の制約を受けることなく，消費者の反応をマーケティング戦略に反映して独自のマーケティングやキャンペーンをすることが可能である。創業して間もないベンチャー企業でも，SNSを通じて消費者とのコミュニケーションやブランディングに成功すれば，多くのファンを囲い込み，一気に知名度を上げることが可能である。

　一方で，DtoCのデメリットは自社ECシステムや，消費者に商品を届ける物流システムを立ち上げなければならない。DtoCは自社が開発，製造した商品を消費者に直売するため，メーカーと消費者との間に入る伝統的な流通業者がいない。流通業者の機能が使用できないので自社で開発するか**フルフィルメント機能**を備えた企業などと協働することになる。DtoCはメーカーと消費者との間に入る集客力のあるECサイトを利用しない。したがって，

話題性のあるコンテンツを発信して，ブランドを認知させていく必要がある。

3　専門領域のプラットフォーマーの出現

　アマゾンが総合的な巨大プラットフォームになると，その間隙をつく専門領域に特化した新しいプラットフォームが登場する。企業が大規模化して安定軌道に乗ると強みであった革新性や迅速性などが希薄化するのが常である。さらに，大企業に対しては行政や消費者など社会からの監視が厳しくなる。

　2009年創業の米スクエアは中小向けに通販サイトの構築を支援するサービス提供で急成長中である。スクエアは小売店や飲食店にPOS端末を販売して連動した通販サイトを低価格で運営するサービスを提供している。カナダのショッピファイはDtoCビジネスを簡単かつ低価格で支援することでアマゾンキラーと呼ばれるようになった[5]。

　これは20世紀の実店舗の流通システムで百貨店や日本型総合スーパーがたどった道である。一度確立した業態が総花化，肥大化して消費者から支持を失うと革新性，専門性のある新たな業態が登場して市場を侵食する（第8章参照）。かつての，百貨店や日本型総合スーパーが法律で規制の対象とされたことや，現在のコンビニが公正取引委員会から改善の指導を受けている姿とも重なる。リアルとネットの綱引きはオンラインとオフラインのO2Oの構図であったがOMOへと進展して新たな勢力が台頭し始めている。

第3節　実店舗の役割とは何か

1　顧客接点の獲得と顧客体験（CX）の場

　流通システムを取り巻く環境はOMOへと向かい，消費者はショールーミングやウェブルーミングをしながらシームレスに商品を購入（取引）する時代になってきた（第12章参照）。実店舗の役割は消費者接点の売場を最大限に活用して顧客が感動するような体験を提供することである。消費者が生産者や流通業者の提供する情報や体験に，共感，感動すれば特定ブランドや流

通業者のファンになるからである。生産者や流通業者はそのための新たな流
通システムを構築することが求められている。

　消費者は購入する商品の多くを店内で決定する。消費者は計画購買が11％，
広義の非計画購買が89％という調査結果がある（松井・西川 2016, p.149）。
計画購買は利便性の高いECでカバーできるが非計画購買は実店舗の方が有
効である。EC中心で成長してきたアマゾンがホールフーズ・マーケットの
買収やアマゾン・ゴーの出店などリアル店舗の拡大を図っているのは実店舗
の機能が必要だからである。それでは実店舗の売場の本質的な機能とは何で
あろうか。

　小売業が実店舗を持つ最大の目的は消費者に五感を使って商品を試す顧客
体験（CX）の場を提供することである。この体験はスマホやデジタルでは
提供できない。消費者が知らなかった商品に偶然出会えることも実店舗の特
長である。売場の重要性を理解しているのはデジタル・マーケティングを展
開するオンラインの小売業者である。

2　小売業のサービス化

（1）ラース（RaaS：Retail as a Service）

　小売業がこれまでに蓄積してきた顧客情報やノウハウを活用してテクノロ
ジー企業の持つ技術と組み合わせてサービス化することをラース（RaaS）
と呼ぶ。小売業の売場は販売するための場から体験するためや情報収集する
ための場に変化する。現在米国で注目されている次世代型小売業はRaaSの
仕組みを提供する企業と組んで店舗を運営している。

　データを売る店の草分けは米ベータ（b8ta）社である。ベータ社は2015年
に創業したRaaSを事業モデルとするパイオニア企業である。凸版印刷（台
東区）は日本でベータに出資してRaaSの展開を開始する[6]。ベータは店舗
を区画で区切り，メーカーから月額固定の料金をもらい商品を販売する場と
ともにマーケティングデータを提供する。メーカーはリアル店舗への出店負
担が軽減され消費者との接点拡大につながると注目している。

　小売業はいかに効率よく店舗を運営するか，仕入れた商品を販売するかを

重点に考える。しかし，消費者が売場の商品を買うだけならECの方が便利
である。消費者が実店舗を訪問する目的の1つは五感での体験である。メー
カーは自社商品がどのように消費者に体験されているかを知りたがっている。
ベータは消費者の体験とメーカーが欲しい情報をつなぐために仕組みを考えた。

（2）新しい取り組み
①丸井

　有店舗小売業の丸井（中野区）はカード決済を強化して成長してきた。丸
井は現在の業態では百貨店に分類されている（第8章参照）。丸井は現代の
若者（デジタル・ネイティブ）のニーズに対応する店舗を開発する（第4章
参照）。丸井は従来のアパレル中心の品揃えから飲食やサービス，そして
DtoCなどを強化する方針である。丸井の店舗はこれまで以上に「体験」や
「コミュニケーション」の場を提供する[7]。

②ジンズ

　眼鏡（アイウェア）販売を手掛けるジンズ（千代田区）は2019年にAIを
活用した次世代型ショールーミングショップを開店させた。ジンズはAIの
学習機能を駆使した推奨サービスで楽しみながら自分に合う眼鏡を探すこと
ができる。顧客が選択した眼鏡の決済は専用アプリから，商品の加工は自社
が行い顧客の希望する住所に発送するシステムを採用している。ジンズは
このシステムを活用することで店舗には試着用の商品を展示するだけになり
スタッフは視力測定などの接客に注力できる。

　さらに，ジンズは2020年から専用のアプリを使用してフレームを選定して
受け取り店舗と度数を入力して支払いを済ませると，指定した店舗で眼鏡を
受け取ることができるサービスを開始した[8]。

③蔦屋家電＋

　カルチュア・コンビニエンス・クラブ（CCC：渋谷区）はCCC DESIGN（渋
谷区）を設立して日常を豊かにする「モノ」や「コト」を実際に体感できる
売場を提供している[9]。CCC DESIGNが開発した蔦屋家電＋（プラス）は製
品開発のためのコミュニケーションが目的の小売業である。蔦屋家電＋は消

費者に五感で楽しむ体験を提供，生産者は売場に張り巡らされたセンサーなどを通して情報を収集しながら商品開発につなげる。蔦屋家電＋の売場は物販で稼ぐためではなく収集したデータを販売するために活用されている[10]。

3　コミュニティとしての店舗

　良品計画（豊島区）が運営する無印良品は顧客とつながるスマホアプリ「MUJI passport」を導入してコミュニケーションの向上を目指している。無印良品は居場所の提供や暮らしの交流が団地や地域コミュニティの再生につながると考えている。無印良品は「感じ良いくらし」の実現に向けて地域コミュニティや地域課題解決に向けたプラットフォームを提供している。

　良品計画は2018年12月東京都板橋区の光が丘パークタウンに「MUJIcom_光が丘ゆりの木商店街」を開店させた。無印良品はオープン前からスタッフと団地住民との座談会などを開催して住民同士のつながりが生まれるきっかけづくりをしてきた。無印良品は店舗を一休みできるスペースや無料で使用できるシェアキッチンなどで地域の住民の憩いの広場，集いの場として提供して団地コミュニティ再生への取り組みなどに力を入れている。

　さらに，良品計画は豊島区とパートナーシップ協定を結んで生活する人たちが主体となった地域の魅力を創出する活動に取り組んでいる[11]。

第4節　新時代の流通システムに向けて

　これからも，流通システムが目的とする「商品の取引（商流），商品の輸送（物流），情報の提供（情報流），取引の決済（資金流）の機能を通して生産と消費のギャップを埋める役割」は不変である（第1章参照）。

　現在の流通システムは生産，流通，消費の区別や組織的な構成員の役割や機能の境界が溶解化，融合化して明確でなくなっている。新しい流通システムは「構成員」「商品」「取引方法」の3つの視点と流通の機能の4つの流れ（商流，物流，情報流，資金流）の再編成をしながら新たな業態やプラットフォームとして登場するであろう（図表15-3）。

1　構成員の溶解化・融合化

　20世紀は生産者が流通業者に商品販売を委託して流通システムを管理しようとした。これが伝統的マーケティングのPlace（流通経路，チャネル施策）の原点である。現在は，生産者が商品の流通，物流だけでなく直接消費者に販売することが増加した（第5章，第12章参照）。

　一方で，流通業者の卸売業者や小売業者は商品開発などで生産活動に積極的に関与することが増えてきた。すでに，イオンやセブン＆アイが開発したPB商品の売上高は大手製造業と同規模である。イオンは農場経営から加工，流通・販売までを統合するサプライチェーンを目指している。卸売業は資源への投資から小売業経営まで関与して独自のビジネス・モデルを確立しようとしている（第7章，第14章参照）。

　さらに，CtoCの流通システムでは消費者が積極的に供給者の役割を担うようになった（第12章参照）。

2　商品（モノとサービス）の溶解化・融合化

　生産者が流通システムを通して消費者に届ける商品の捉え方も変化した。生産者は有形財のモノ（グッズ）だけを流通させる場合よりもモノに合わせて情報や体験などのサービス機能が伴うことが多くなった。生産者と消費者にとっては情報や体験の提供方法などの流通システム全体がブランドとしての本質的な価値であることが多くなった。したがって，生産者はモノの流通と合わせて消費者に直接つながって情報や顧客体験を提供することが重要になった。

　自動車業界はMaaS，小売業界はRaaSなどのサービス化へ積極的に取り組んでいる。生産者はモノの製造だけでなく直接顧客と接点を持ちながらビジネスを展開するサービス化した商品開発を目指していた。流通業者は情報や体験，そしてコミュニティ機能を重視するようになっている。このように商品の概念がサービスに向かって大きく変化していることがわかった（第13章，第14章参照）。

図表15-1　構成要素の溶解化・融合化

	流通システムの変化
構成員	（生産者）商品の流通，物流だけでなく直接消費者に販売（DtoC） （流通業者）商品開発などで生産活動やサプライチェーンに積極的に関与 （消費者）CtoCの供給者へと変化
商品	（生産者）モノに合わせて情報や体験などのサービス商品を重視 （流通業者）五感に訴える情報や体験，コミュニティ機能を重視
取引方法	リアル（実店舗）とネット（無店舗）の融合（OMO） 取引がモノの購入（所有権）からサービスの使用・利用（使用権）へ変化 デジタルトランスフォーメーション（DX）

出所：筆者作成。

3　取引方法（市場・提供方法）の溶解化・融合化

　OMOがリアル（実店舗）とネット（無店舗）との融合を促進させて，取引する市場（売場：消費者が買い物をする場所）が消費者の携帯端末になった。さらに，モノの購入から使用・利用の消費活動が増加してシェアリング，リカーリング，サブスクリプションなどの新たな取引が進展している（第13章参照）。

　多くの消費者が最初にアクセスするアプリが流通システムのプラットフォームになりそこに多くの構成員や商品が連動して4つの流れ（商流，物流，情報流，資金流）を担っている。

　このように，流通システムを構成する要素（構成員，商品，取引方法）が急速に溶解化，融合化しているのが現在の流通システムである（図表15-1）。

4　4つの流れが合流・融合

　商流は商品の所有権が移転する活動である。商流の基本となる商品は市場での取引の客体である。商流では商品開発をする構成員や商品自体の概念や商品を取引する仕組みが大きく変化している。

　セブン-イレブンは**ラストワンマイル**の物流の仕組みを強化している。ECのプラットフォーマーはフルフィルメントやポイントによる**決済システ**

図表15-2　4つの流れの合流・融合

	流通システムの変化
商流	流通システムの構成員が商流以外へ本格的に進出
物流	独自のサプライチェーンの構築，ラストワンマイルの物流，フルフィルメント
情報流	生産者がプラットフォーマー，卸売業者が情報卸，小売業者が情報製造小売業や製造物流IT小売業を標榜
資金流	イオン，セブン＆アイ，ソニーは収益の柱，ヤマダHD銀行業務への参入，キャッシュレス，楽天は独自の経済圏構想，生産業，流通業は金融商品開発

出所：筆者作成。

ム，キャッシュレスなどに積極的である。これらの活動は商流を担う流通業者が補助的構成員（物流業者，情報サービス業者，金融・保険業者）の物流，情報流そして資金流を融合する事例として捉えることができる（図表1-2）。

　物流は物流業者が担当したが，生産者や流通業者が直接投資して自社で物流機能を担うことや所有しなくても運営管理することが増加した。

　情報流は生産者がプラットフォーマー，卸売業者が情報卸，小売業者が情報製造小売業や製造物流IT小売業を標榜している。さらに，DtoC，ラース（RaaS），顧客体験（CX）を専門に開発する企業が新たな構成員として登場した。

　資金流はイオンやセブン＆アイ，ソニーなどの企業では収益の柱になっている。ヤマダHDは銀行業務へ参入していた。ECのプラットフォーマーは消費者と直接接点を持ちカードやキャッシュレス化，ポイント決済が進展することで金融機能を果たしている（図表15-2）。

第5節　おわりに

　本書は第1章で流通システムの概念を学習してフレームワークを設定した（図表1-3）。そして，第12章までは20世紀の流通システムを中心に考察した。

図表15-3　流通システムの変化〜プラットフォーム

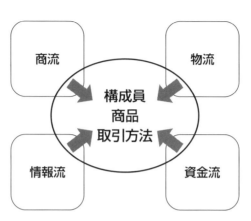

流通システムの構成員が商流以外へ本格的に進出

生産者はDtoC,流通業者はPB開発への取り組み

流通システムの構成員が独自のサプライチェーンの構築,ラストワンマイルの物流,フルフィルメントへの取り組み

生産者がプラットフォーマー,卸売業者が情報卸,小売業者や製造物流IT小売業を標榜

イオン,セブン&アイ,ソニーは収益の柱,楽天は独自の経済圏構想,生産業,流通業は金融商品開発

出所：筆者作成。

第13章から第15章までに考察したように現在の流通システムは伝統的な概念が溶解化して融合して機能しているところに難しさと同時に面白さがある。

　繰り返しになるが,流通システムの「生産と消費のギャップの架け橋」としての役割は不変である。流通システムはその役割を果たすために商流,物流,情報流,資金流の機能を担っている。視点を変えるとビジネスはこの4つの機能の組み合わせで成立していることがわかる。

　現在の流通システムは3つの構成要素（構成員,商品,取引方法）の溶解化・融合化と4つの流れ（商流,物流,情報流,資金流）が合流・融合してプラットフォームへと移行していることがわかった（図表15-3）。

　本書の事例は2021年5月頃までの情報をもとに記載した。その後,現在までに新しい動きや情報が公開されているので記載しておきたい。

［ドラッグストア］（第8章参照）

　日本チェーンドラッグストア協会（JACDS）は2020年度のドラッグスト

アの全国売上高は前年度比4.6％増の8兆363億円で，コロナ禍による需要を
取り込んで初めて8兆円を突破した。ドラッグストアは医薬品，医療機器等
の品質，有効性及び安全性の確保等に関する法律（薬機法）の改正への対応
が必要である[12]。

［ニトリホームズ］（第14章参照）

　ニトリと島忠の経営統合後初の店舗「ニトリホームズ宮原店」が6月11日，
さいたま市に開店した。1階がホームセンター，2階がニトリと島忠の家具・
ホームファッションで構成されている。1階は島忠のホームセンターを中心
にニトリのPBやニトリが開発したアパレルブランドの「N＋」が入店して
いる。業態化の視点（図表7-3）からは経営統合によって商品構成の融合は
できたが，今後の課題は提供方法と運営方法の融合化である[13]。

［コロナ禍における流通環境への対応］
（1）消費者の変化（第4章参照）

　生活者は自分自身で管理可能な足元の日常生活，たとえば自分の住居や家
族や友人との関係性などに関心を払うようになった。非対面・非接触のサー
ビスに対する行動の変化としては2020年の個人消費に占めるキャッシュレス
決済の割合が前年比2.9％増の29.7％と過去最高を更新した。

　経済産業省は2020年の日本国内のBtoC（消費者向け電子商取引）市場規
模は19.3兆円（前年19.4兆円，前年比0.43％減）で横ばいだったと発表した。
コロナ禍でECの利用が推奨された結果，物販系分野の大幅な市場規模拡大
（前年比21.7％の伸長）につながった一方で，主として旅行サービスの縮小
に伴うサービス系分野の市場規模が大幅に縮小（前年比▲36.05％）した。
EC化率は8.08％（前年比1.32％増）であった。注目していた食品関連の市場
規模は前年の18,233億円から22,086億円（前年比21.3％）に拡大した。しかし，
EC化率は3.31％（前年2.89％）でまだ低いことがわかった[14]。

　総務省が発表した2021年5月の労働力調査では完全失業率が3.0％と悪化
している。2020年の年間消費支出が367万円と6％減少した[15]。

（2）企業の取り組み
①DX（情報流）による溶解化・融合化
・流通システム

　イトーヨーカ堂はAI（（人工知能）を製造，発注などに活かして売上拡大と業務効率化の2つの要素の実現を目指している。イオンリテールは過去2年間分の店別，日別，時間帯別，単品ごとの販売実績のビッグデータを分析して最適な割引価格を生み出すアルゴリズムを構築している。

・物流システム

　セブン＆アイHDはラストワンマイル政策を「オンデマンド型」「計画購入型」「対面購入型」の3つに分類してDXを活用して対応する。西友は楽天からの出資を受けて食品スーパーとして業界No.1ネットスーパーで業界No.1の2つの目標を掲げた。西友は楽天の協力でデジタル・マーケティングを強化し西友店舗と楽天西友ネットスーパーでの体験をデジタルでつないでOMOを強化する[16]。

・資金流の動き

　三菱UFJフィナンシャル・グループ（MUFG：千代田区）は業種やグループの垣根を越えた金融連携に踏み出す。MUFGは各社とデータを連携してスマホ向けアプリで証券，保険，信託などの多様な金融サービスを一体提供する。MUFGは自前主義から連携へと転換して金融サービス仲介業に取り組む。包括提携するNTTドコモ（千代田区）の「dポイント」や三菱商事傘下のローソンの「Ponta」などの利用者へサービスを提供する[17]。

　りそなHD（大阪市）は銀行の店頭で顔認証だけで入出金や振り込みができる仕組みを実用化する。りそなHDは2022年度中にジェーシービー（JCB：港区），大日本印刷（新宿区），パナソニックと4社連合を組み小売店などでも顔認証で決済できるインフラを構築する。中国ではアリババ集団傘下の決済アプリ「支付宝（アリペイ）」などが普及している[18]。

　イオンは2021年9月からスマホ決済アプリ「イオンペイ」を開始する。これからイオンが提供するネット通販などの様々なサービスを集めた一括アプリを開発する計画である。「イオンペイ」は決済やメッセージ，配車，ネッ

ト通販など日常的に使うサービスを一括で提供するアプリを目指している。

　楽天は楽天ペイを通して決済，銀行・証券，ポイント運用などの「独自の経済圏」構想を掲げている。月間で約8,900万人が利用する対話アプリのLINEはメッセージ機能以外に決済やクーポン，ショッピングなどが利用できる。スマホ決済のPayPayは決済以外にEC，タクシー配車，料理宅配などのサービスが利用できる。一括アプリにイオンが参入することで新たな競争環境が生まれることになる[19]。

②ディスカウント業態への取り組み

　イオンやヤオコーなどがディスカウントストアの業態開発に積極的である。イオンは傘下に「ザ・ビッグ」や「ビッグ・エー」などのディスカウント業態を持っている。イオンはこれらの業態とは別に「パレッテ」，ヤオコーは商品の圧倒的な安さと鮮度，品揃で満足できる店のコンセプトの「フーコット（Food cost performance market）」を開発する[20]。

考えてみよう―Review&Discussion―

　1．流通システムの役割について考えてみよう。

　2．流通システムの溶解化・融合化とはどのような現象だろうか，身近な　　事例を挙げて考察してみよう。

注

1）『ダイヤモンドチェーンストア』（online）2020年5月25日（https://diamond-rm.net/management/56483/2/〔検索日：2021年4月9日〕）。

2）アマゾン・ジョブズ（https://www.amazon.jobs/jp/business_categories/amazongo〔検索日：2021年4月9日〕）。

3）ウォルマートはメンズアパレルブランド「ボノボス（Bonobos）」や女性向けブランドの「エロクイ（ELOQUII）」アウトドアブランド「ムースジョー（Moosejaw）」などを相次いで買収している。

4）『ダイヤモンドチェーンストア』（online）2020年3月8日（https://diamond.jp/articles/-/230482〔検索日：2021年4月9日〕）。

5 ）中国ではアリババ集団以外にピンドゥオドゥオ，南米のアマゾンと呼ばれるメルカドリブレ（アルゼンチン），東南アジアのショッピー（シンガポール）など新興勢力が台頭している。

6 ）凸版印刷（https://www.toppan.co.jp/news/2020/01/newsrelease200130_1.html〔検索日：2021年 4 月 9 日〕）。

7 ）『ダイヤモンドチェーンストア』（online）2020年11月26日（https://diamond-rm.net/market/69411/2/〔検索日：2021年 4 月 9 日〕）。

8 ）『ダイヤモンドチェーンストア』（online）2020年10月15日（https://diamond-rm.net/ec-epayment/66410/〔検索日：2021年 5 月 8 日〕）。

9 ）CCC DESIGN（https://ccc-design.co.jp/policy-concept/message/〔検索日：2021年 5 月 8 日〕）。

10）蔦屋家電＋（https://store.tsite.jp/tsutayaelectricsplus-futako/about/〔検索日：2021年 4 月 9 日〕）。

11）良品計画（https://ryohin-keikaku.jp/〔検索日：2021年 4 月 9 日〕）。

12）『ダイヤモンドチェーンストア』（online）（https://diamond-rm.net/retaildata/79342/〔検索日2021年 8 月18日〕）。

13）『激流』2021年 8 月 1 日，第46巻第 8 号，pp.100-101。

14）経済産業省（https://www.meti.go.jp/press/2021/07/20210730010/20210730010.html〔検索日：2021年 8 月18日〕）。

15）『販売革新』2021年 9 月号，pp.16-19。

16）『販売革新』2021年 9 月号，pp.20-23。

17）『日本経済新聞』2021年 7 月30日，第 1 面。

18）『日本経済新聞』2021年 8 月 2 日，第 1 面。

19）『日本経済新聞』2021年 8 月28日，第 2 面，第 7 面。

20）『販売革新』2021年 9 月号，p.52。

参考文献

Brown, S.（1987）"Institutional change in retailing: a review and synthesis," *European Journal of Marketing*,Vol.21, No.6, pp.5-36.

Dreesmann, A.C.R.（1968）"Patterns of evolution in retailing," *Journal of Retailing*,Vol.44, No.1, pp.64-81.

Gist, R.R.（1968）*Retailing: Concepts and decisions*, New York: Wiley.

Hollander, S.C.（1966）"Notes on the Retail Accordion," *Journal of Retailing*, Vol.42, No.2, pp.29-40.

Kotler, P. and K.L. Keller（2007）*FRAMEWORK FOR MARKETING MANAGEMENT 3rd Edition*, Pearson Education.（恩藏直人監修（2014）『コトラー＆ケラーのマーケティング・マネジメント基本編（第3版）』丸善出版）

Kotler, P.（1980）*Principles of Marketing*, Prentice Hall, Inc.（村田昭治監修（1983）『マーケティング原理：戦略的アプローチ』ダイヤモンド社）

Kotler, P., P.N. Bloom and T. Hayes（2000）*Marketing Professional Services, Revised*, Prentice Hall Press.（白井義男・平林祥訳（2002）『コトラーのプロフェショナル・サービス・マーケティング』ピアソン・エデュケーション，pp.7-9）

Levy M., D. Grewal, R.A. Peterson and B. Connolly（2005）"The concept of the Big Middle," *Journal of Retailing*,Vol.81, No.2, pp.83-88.

McCarthy, E.J.（1960）*Basic Marketing: A Managerial Approach*, Richard D. Irwin.

McNair, M.P.（1958）"Significant trends and developments in the postwar period," Smith, A.B.(Ed.)*Competitive distribution in a free, high-level economy and its implications for the university*, University of Pittsburgh, pp.1-25.

Porter, M.E.（1980）*COMPETITIVE STRATEGY*, The Free Press.（土岐坤・中辻萬治・服部照夫（1982）『新訂　競争の戦略』ダイヤモンド社）

井上崇通・村松潤一（2015）『ベーシック流通論』同文舘出版。

井上崇通・村松潤一（2015）『流通論』同文舘出版。

渦原実男（2017）『流通・マーケティング革新の展開』同文舘出版。

会田玲二（1994）『出店・立地調査の実際』中央経済社。

堺屋太一（1981）『団塊の世代』講談社。

桜井多恵子（2020）『チェーンストアの教科書—規模拡大，組織，数値，店づくり，商品構成まで—』ダイヤモンド社。

松井剛・西川英彦編著（2016）『1からの消費者行動』碩学舎。

清水敏行・中谷義浩・土居寛二（2020）『販売士リテールマーケティング検定3級（第5版）』税務経理協会。

清水敏行・中谷義浩・土居寛二・大坪克行（2020）『日本商工会議所・全国商工会連合会検定販売士2級（第4版）』税務経理協会。

川端基夫（2011）『アジア市場を拓く〜小売国際化の100年と市場グローバル化』新評論。

池尾恭一・青木幸弘・南千惠子・井上哲浩（2010）『マーケティング』有斐閣。

田村正紀（1986）『日本型流通システム』千倉書房。

田村正紀（2001）『流通原理』千倉書房。

日本流通学会編（2006）『現代流通事典』白桃書房。

矢作敏行（2001）『現代流通—理論とケースで学ぶ（初版第7刷）—』有斐閣アルマ。
林周二（1962）『流通革命—製品・経路および消費者—』中央公論社。
林周二（1982）『経済学入門シリーズ—流通—』日経文庫。
林周二（1999）『現代の商学』有斐閣。

参考資料

『激流』国際商業出版。
『ダイヤモンドチェーンストア』ダイヤモンド社。
『日本経済新聞』日本経済新聞社。
『販売革新』アール・アイ・シー。

後書き―本書の有効な活用方法―

　本書は学生と社会人がビジネス（商学）の基礎を流通システムの視点から学習するために執筆した。現在は環境の変化が激しく幅広い知識の習得と論理的思考力や判断力が必要である。最近は働き方改革やリカレント教育などの背景で社会人がビジネスの基礎について再度学習したいというニーズが増えている。

　大学で流通システム論や商学総論を講義する中で既存の出版物の多くは20世紀の工業化やアナログ社会の環境下で執筆されていることがわかった。一方で，今日的テーマのデジタル・マーケティングや顧客体験（CX）などを扱った出版物は多いが実践的な方法論が中心で理論的な体系化が不足している。

　したがって，サービス化やデジタル社会の環境下で流通システムや商学（ビジネス）について体系的に俯瞰するための基本書が必要だとの問題意識を持っていた。

　本書は第1章で提示した基本的な概念とフレームワークを参照しながら自分自身で関心のある業界について考察することを想定している。考察や議論を深めるために章末に課題を提示している。読者が自分の関心がある，または自分が働いている企業や業界，業態を対象に考察シートの流れで個人やグループで検討することで理解が深まると考えている。考察シートには参照する章を記載しているので，最初にその章を読んでから作成するとわかりやすいだろう。

　最後に，最近の研究テーマについて記載したい。多くの流通システムを対象とした先行研究は有形財（モノ）を対象として考察されている。流通システムやマーケティングは20世紀の工業社会や情報社会を背景に個別の顧客ではなく細分化した市場（消費者）を対象に検討されてきた経緯がある。

　しかし，これからの21世紀の流通環境（ビジネス環境）では企業は市場経済だけでなく幅広く社会全体の一員の立場から個別の顧客を対象とした意思

決定や活動をすることが必要である。なぜならば，企業がデジタル・マーケティングやダイレクト・マーケティングで商品や顧客体験（CX）を届ける顧客は生活世界で独自の価値観（文脈価値）で商品を使用，利用しながら評価するからである。したがって，企業は生活世界で一人ひとりの顧客と個別につながりながら良い信頼関係を構築することが重要になる。

　商品を顧客に届ける新しい仕組みは流通の構成員や業界の溶解化，融合化の先に出現するであろう。具体的には生活世界の中で企業が顧客と直接リアルやネットでつながりながら，顧客の求めに対応する仕組みである。

　たとえば，企業は顧客のコモディティ化したニーズに対して，顧客があらかじめ決めた取引方法（リアル／ネット）で自動的に商品を自宅に届ける。個別のニーズに対しては積極的にリアルまたはネットでつながりながら対応する。顧客の商品を探索する楽しみや購入する楽しみに対しては，企業が取引データから把握している「顧客の好みリスト（仮称)」の中から選択したいくつかの商品や体験をリアルまたはネットで提供する。現在は商品と情報の量が一人の人間の処理能力を超えている。企業が顧客の良き支援者となって「顧客の好みリスト（仮称)」から絞り込むサービスをする。そして，市場に存在しない商品は企業が顧客と一緒になって創造する。

　現在描いているのはこのような「価値共創」の視点での企業のシステムである。「価値共創」の視点から企業システムを動かすためには新しい視点での組織運営が不可欠である。「価値共創」についてのこれまでの研究は〈著者紹介〉欄の【主要著書】に記載している。

　最後になりましたが，私の広島大学大学院時代からの恩師である村松潤一教授（岡山理科大学，広島大学名誉教授），同門のリーダー山口隆久教授（岡山理科大学），今村一真教授（茨城大学），大藪亮教授（岡山理科大学）に対して平素の研究活動の御礼を申し上げます。また，編集に際し，お世話になった同文舘出版株式会社 有村知記氏に感謝を申し上げます。

2021年盛夏

藤岡芳郎

考察シート

1．環境分析（第2章，第3章，第4章参照）
（1）PEST分析（第2章参照）

	具体的な外部環境	業界，業態，自社に与える影響
政治		
経済		
社会		
技術		

（2）5フォース分析（第3章参照）

	業界，業態，自社に与える影響
既存の同業者間の競争	
仕入先	
顧客・顧客企業	
新規参入者の脅威	
代替品	

2．流通・マーケティング戦略策定
（1）STP（第5章，第6章，第7章参照）

STP	
S 細分化 セグメンテーション	
T 対象顧客 ターゲティング	
P 独自性 ポジショニング	

（2）生産業の流通・マーケティング戦略（第5章参照）

4Ps	
①製品	
②価格	
③流通政策	直接流通／間接流通
	チャネル政策
	系列化政策
④広告	

（3）流通業のマーケティング戦略（第6章，第7章，第8章参照）

4Ps	
①品揃え	
②価格	
③流通 （調達と販売方法） 仕入／生産 立地・有店舗／無店舗 セルフ／対面・配達 決済方法	
④販売促進	

3．業態化の視点（第7章，第8章参照）

誰に 標的顧客	細分化基準
何を 商品	マーチャンダイジング 仕入／生産 価格帯 モノ／サービス 顧客体験（CX）
どこで・どのように 取引方法 市場 提供方法 運営方法	有店舗／無店舗 立地 セルフ／対面 運営方法（オペレーション）・配達 価格 プロモーション

索　引

247

〈著者紹介〉

藤岡　芳郎（ふじおか・よしろう）
大阪産業大学経営学部商学科教授　博士（マネジメント，広島大学）

【主要著書】
『北欧学派のマーケティング研究―市場を超えたサービス関係によるアプローチ―』（共著，2021年，白桃書房）
『ケースで学ぶ　価値共創マーケティングの展開―新たなビジネス領域への挑戦―』（編著，2020年，同文舘出版）
『サービス社会のマネジメント』（共著，2018年，同文舘出版）
『新興国市場と日本企業』（共著，2018年，同友館）
『ケースブック　価値共創とマーケティング論』（共著，2016年，同文舘出版）
『ベーシック　流通論』（共著，2015年，同文舘出版）
『価値共創とマーケティング論』（共著，2015年，同文舘出版）
『顧客起点のマーケティング論』（共著，2010年，同文舘出版）
『流通論』（共著，2010年，同文舘出版）
ほか多数。

2021年10月5日　初版発行　　　　　　　　略称：流通システム基礎

流通システムの基礎と展開

著　者　Ⓒ藤　岡　芳　郎
発行者　　中　島　治　久

発行所　同文舘出版株式会社
東京都千代田区神田神保町1-41　　　〒101-0051
営業(03)3294-1801　　　　　編集(03)3294-1803
振替 00100-8-42935　　http://www.dobunkan.co.jp

Printed in Japan 2021　　　　　　　　　　製版：一企画
印刷・製本：萩原印刷

ISBN978-4-495-65012-4